2012 どんな時代が来るのか

THE MYSTERY OF 2012
PREDICTIONS, PROPHECIES & POSSIBILITIES

2012年アセンション・マニュアル

タミ・サイモン［編著］
菅 靖彦・田中淳一・堤 康一郎［訳］

風雲舎

イントロダクション

タミ・サイモン

略歴：米国コロラド州ボルダーに本拠を置くマルチメディア出版社「サウンド・トゥルー」創設者。個人の変容と霊的覚醒の鼓舞、支援を目的に、エックハルト・トール、キャロライン・メイス、ペマ・チョルドンなど著名なスピリチュアル・ティーチャーの書籍を刊行している。会社は80人の社員を抱えるまでに成長し、刊行タイトルは600を超える。

わたしがはじめて2012年の謎について聞いたのは、1980年代半ばのことだった。あるラジオの仕事で、マヤ暦のエキスパート、ホゼ・アグエイアスにインタビューしたのだ。12回シリーズのテーマは「アース・シフト」で、話題の焦点は1987年の8月16日から17日にかけて催されたハーモニック・コンバージェンス（惑星芸術の催し）だった。（＊ハーモニック・

コンバージェンス：ホゼ・アグエイアス博士が、メキシコに伝わる「13の天国と9つの地獄」と呼ばれる預言や、自らのヴィジョンをもとにして提唱した地球規模の瞑想と平和の催しの名称。アメリカのニューエイジ・ムーブメントを先導する人たちを中心にその情報が伝わり、その預言の成就する日である1987年の8月16日と17日に、南米ペルーのマチュピチュ遺跡や、イギリスのストーンヘンジをはじめとする世界各地の聖地で自発的に祝われた。アグエイアス博士によれば、ハーモニック・コンバージェンスは「地獄の周期の終わりをしるし、人類は長い物質主義の時代を捨てて、自然に回帰しはじめる、その始まりをしるす」（『新しい時間」の発見』風雲舎）という。＊は以下すべて訳者注）

ホゼによると、この催しは、マヤ暦の大周期が終わる2012年に向けての25年に及ぶカウントダウンの始まりを記すものだった。ホゼは2012年を地球全体に劇的な革命的変化が起こる時期としてとらえている。「銀河の同期（シンクロニゼーション）」の時期だというのだ。

根っからの現実主義者であるわたしは、すぐには納得させられなかったが、とても興味にかられた。彼が述べているもろもろの可能性に多少なりとも元気づけられたたし、同時に多くの疑問も覚えた。

マヤ暦のエキスパートたちは全員、2012年の終末の日とその意義について意見を同じくしているのだろうか？　マヤ暦は過去において、信頼できる予言のツールであることを証明したのだろうか？　「劇的な革命的変化」とは何だろう？　2012年になったらどうなるのだろう？　地球は本当に目に見えない力――わたしたちの未来を左右する高次の力――とつながっているのだろうか？　そして、恐らくもっとも重要なのは、派閥主義と強欲に覆われている世界がそんなにも短期間の内に顕著な肯定的変化を成し遂げることは可能だろうかということである。

こうした疑問に対する答えをすべて得られたわけではなかった。きっと熱意が足りなかったのだろう。というのも、将来、起こるかもしれないし、起こらないかもしれないことについて云々するより、日々どうやって成長するかということの方が、はるかに重要であるように思えたのだ。そこで、一旦、２０１２年問題にこだわるのを止め、霊的な修行や仕事や身の周りのことに注意を戻した。

しかし、年が経つにつれ、２０１２年についての疑問がさし迫った問題として再三意識に上るようになった。地球が２０１２年に進化する機会を与えられるというヴィジョンをもつ、きわめて知性的でまじめな霊的実践者たちに会うことが、年を追うごとに増えていったからだ。彼らは、２０１２年が「新たな可能性への入口」になりうると信じているのだ。換言すれば、集合レベルでの覚醒のチャンスをもたらしてくれるかもしれないというのだ。他にも、２０１２年とそれに続く10年を惑星的な変化が先例のないほど加速化する時期として描く、未来学者、科学者、アーティスト、エコロジスト、社会学者などさまざまなバックグラウンドをもつライターや思想家が増えつつある。２０１２年はもはや未来の遠い日ではない。目前に迫っている。２０１２年のもろもろの可能性を調査し、そのチャンスに備える時期があるとすれば、今をおいてしかない。

知ることのできない未来について考えるのはやめようと思っても、これだけ真剣な討議の対象とされている問題をやすやすと見過ごすことはできない。２０１２年にまつわる謎を解き明かしてもらいたいと思っている人たちが大勢いるのだ。そこで、そういう人たちの要請に応えるため、「サウンド・トゥルー」は広い視野に立って２０１２年にまつわるエッセーを集めることにした。わたしたちの狙いは、２０１２年の謎をさまざまな角度から掘り下げることのできる「たたき台」を作ることだった。

わたし個人としては疑いをもち続けている。２０１２年を大規模な変容の時期とみなすのは間違いではないかとさえ思っている。なぜなら、２０１２年の予言を、地球が壊滅する大惨事が起こることを告げるものだとか、わたしたちの惑星の問題をすべて解決する他の銀河系からのビームが送られてくることを告げるものだとみなすなら、わたしたちは単なる傍観者になってしまい、何もしなくてもいいという免罪符を手に入れることになるからだ。興味深いことに、これは本書に寄稿した多くの人たちによって強調されている点である。本書では、２０１２年が選択ポイントとして語られることがもっとも多い。２０１２年の12月21日の真夜中に黙示録的な時限爆弾が爆発するというのではなく、可能性とチャンスが広がる時だというわけだ。こうした幻視者たちがわたしたちに呼びかけているのは、注意を怠らずに変化に備え、わたしたちの周りで花開く可能性に自らが創造的に関わるということである。

どうかワクワク胸を躍らせて、このアンソロジーの旅に出発してもらいたい。2012年の幻視者たちの壮大な見取り図は心の変革をもたらしうる、とわたしは考える。彼らの考えはわたし自身の見方を人間的、歴史的変化の次元から、目に見えないエネルギーや振動を伴った宇宙的な次元へとシフトさせてくれた。2012年の可能性に心を開くには、人間を超えた宇宙のパワーに心を開く必要がある。これらのパワーはわたしたちの行動を鼓舞し、支えてくれると信じている。

ダニエル・ピンチベックは自らのエッセーの中で、2012年を「ケツァルコアトル（＊メソアメリカの神話に登場する羽をもった蛇。蛇と鳥、すなわち地と天の出会いを象徴する）の復活」の時期だと述べている。わたしたちが必要とするのはまさにそうした出会いである。地にしっかり足をつけることによってのみ、わたしたちは天の知恵とパワーに手を伸ばし、協調することができる。このエッセー集がともに2012年の謎を生きるあなたの中に、そうした出会いを鼓舞してくれることを願っている。

どんな時代が来るのか——

［目次］

装幀——山口真理子

【1章】

岐路に立つ人類　2012年

グレッグ・ブレイデン

略歴：科学とスピリチュアリティの橋渡しをする最先端の思想家。企業でコンピュータ地質学者、コンピュータ・システム・デザイナー、オペレーション・マネージャーを歴任、その一方で、22年以上の長きにわたって、高地の山々や人里はなれた修道院などを尋ね歩き、埋もれた聖典や知恵を発掘している。以下のエッセーで、ブレイデンは、2012年に地球の磁極が逆転する可能性があるとする予測を検討し、そのような逆転が起こった場合、わたしたちにどんな影響があるのかを探求している。『聖なるマトリックス』（ナチュラルスピリット）『宇宙のマニュアル』（ソフトバンク・クリエイティブ）などの著作がある。

マヤの謎

古代のマヤ暦は、わたしたちが生きている間に起こるかもしれない壮大な出来事の秘密を解く鍵を握っているのだろうか？

１５００年以上も前、これまでに知られている中でもっとも精巧な銀河時計をもつ高度な文明が忽然と出現し、広大な銀河の周期に基づく巨大文明を築いた後に消滅した。消滅した理由はいまだ謎に包まれている。人類史の５千年分に相当する彼らの暦は２０１２年12月21日の冬至の日で終わっているが、それは何を意味するのだろう？

こうした疑問に答えるには、科学、宗教、スピリチュアリティ、歴史を分け隔ててきた伝統的な境界を超え、さまざまな知識のソース（源）を新しい一つの知恵に融合させなければならない。

マヤ文明は伝統的な歴史観や文化観からすれば異例の文明である。考古学的な記録が示すところによれば、マヤは、１５００年以上も昔、今日のメキシコのユカタン半島、グァテマラとホンデュラスとベリーズの一部にあたる辺鄙な地域に「忽然と」出現した。マヤ文明と同時代の他の文化との違いは、出現したときにすでに高度なテクノロジーをもっていたという点だ。普通なら長い時間をかけてテクノロジーを発展させるところを、マヤ人たちはすでに応用可能な高度のテクノロジーをもって登場したらしいのだ。

その謎に挑んだ理論はたくさんあるが、明快に解き明かした者は誰もいない。

古代の謎を探求しているチャールズ・ガレンカンプは、マヤ文明の不可解さをこう要約する。「マヤ文明がどこでいつ誕生したのか、人間の居住に適さない環境の中でどのようにして発展したのかを満足のいく形で説明した者は誰もいない」。彼は実際にわたしたちが古代の祖先についてほとんど知らないことを明らかにし、「マヤ人たちが9世紀になぜ偉大な都市の数々を放棄したのかはもっとも不可解な考古学的謎の一つであり、依然として濃い霧の中に包まれている」（Gallenkamp, Charles. Maya: The Riddle and Rediscovery of a Lost Civilization. New York: Penguin, 1999.）と述べている。

そのような強力な文明がなぜ消滅したかについて専門家たちが一致した見解をもつのはむずかしいかもしれない。だが、マヤ人が残したものに驚嘆しない者はいないだろう。マヤ人は宇宙の周期と時間の無類の計算術をもっていた。マヤ人の業績を語る者は、それが間違いなくもっとも洗練された技術の一つであることを認めざるをえない。20世紀以前、マヤ暦は銀河時間を追跡するもっとも精巧な手法だったように思われる。今日でも、マヤ人は、マイケル・D・コウのような専門家が、「25世紀以上の間、1日足りとも抜かしたことがない」（Coe, Michael D. Breaking the Maya Code. New York: Thames and Hudson, 1999.）と語っているシステムを用いて、地球上の時間だけではなく、銀河の時間を測定し続けている。5千年の歴史をもつマヤ暦は、馴染み深い太陽と月の周期を追跡することに加え、さらにもっと驚くべきものを追跡しているようだ。わたしたちの太陽系、太陽と地球と銀河の中心との珍しい直列――2万6千年に一度の出来事――である。

マヤの「銀河時計」の鍵は、ツォルキンもしくは「聖暦」と呼ばれる260日暦だった。これる不吉な5日間で構成されてい（＊365日を1周期とするマヤの暦。20日が1カ月となる18の月とウェヤブと呼ばれる不吉な5日間で構成されている）る）」と呼ばれる365日暦と組み合わされた。マヤ人たちはこれら二つの時間の周期が二つの回転する車輪から成る歯車のように進行し、聖暦とVague Yearがぴったり重なる稀有な日を迎えるとみなした。そのめったにない強力な日は52年周期の終わりを記すもので、「大周期」と呼ばれる、より大きな時間の広がりの一部なのだ。マヤの僧侶たちの伝統によれば、大周期は紀元前3114年に始まり――エジプトで象形文字が使われだした頃――2012年に終わることが記録に示されている。もっと正確に言えば、その周期は、太陽が銀河の赤道と直列に並ぶ2012年の12月21日をもって終わる。

科学者たちは、地球と太陽と銀河の中心が直列することや、その出来事をマヤ暦が記していることを認めている。よく聞かれるのは、それが何を意味するのか、ということだ。この現象を、生きている間に体験できるのが幸運な、興味深い変わった出来事にすぎないものと軽視する人たちもいる。他方、大周期の終わりはめったにない宇宙的なプロセスが集中する時期を表し、楽しい出来事から恐ろしい出来事まで何が起こるかわからないと主張する者たちもいる。

マヤのコスモロジーのエキスパートであるホゼ・アグエイアス博士はこう主張する。新しい千年紀の最初の年は、１９９２年に始まった小周期の一部であり、「分散化したメディアをベースとする新しい情報社会を実現するためのエコロジー的に調和のとれた非物質的なテクノロジー」(Argüelles, José. The Mayan Factor: Path Beyond Technology. Santa Fe, NM: Bear & Co., 1987. 145.) が出現する時である。

一方に、地球上の生命が危険にさらされるかもしれないと警告する者もいる。たとえば、インドを拠点とするさる電子マガジンは、２００1年3月1日号の中で、ポール・シフトがマヤ暦の最終日と一致する、ハイドラバード・コンピュータ・モデルの結果を掲載した。恐ろしい見出しには、「コンピュータ・モデルの予測では、地球と太陽の磁極の逆転が２０１２年、人類の文明に終止符を打つ可能性がある」とある。その記事はまた、磁場のない世界が何を意味するかについて最悪のシナリオを描いている。

マヤ暦の終わりの日が近づくにつれ、さまざまな憶測が飛び交っているが、ほとんどの人は何かが起こると感じている。問題は、何が起こるかだ。マヤの時間記録係は、自分たちが生きていない日について、わたしたちに何を告げようとしたのだろう？　２０１２年はついそこに迫っており、太陽系において先例のない変化が起こる時期とたまたま一致している。そのため、マヤの時間記録係がわたしたちに何を告げようとしているのかを解明すべきだと主張する科学者が増えている。多分、わたしたちが知らないことを発見する最良の方法は、知っていることを振り返ってみることだろう。

地球の磁気・確かなものか？

わたしたちは地球の磁場を確かなものの一つとみなす傾向がある。というのも、コンパスの針を眺めるたび、針の先が上方の北極を指すのを誰でも知っているからだ。わたしたちは地球の北極と南極を確かなものと考えやすい。だが、地球の磁気は決して確実なものではないのだ。たとえば、時に、唖然とするようなことが起こるのをわたしたちは知っている。いまだに十分に解明されていない理由で、北極と南極はこれまでの場所を交換するのだ――地球の磁場が完璧に宙返りするのだ。極の逆転《ポール・シフト》は文明の歴史の中では珍しいが、地質学的な記録が示すところでは、地球の歴史の中で定期的に起こっている。磁場の転換は過去７６００万年の間にすでに１７１回起きており、そのうちの少なくとも14回は過去４５０万年の間に起きている（『Science』vol.168, 1969, Fig.4）。

それは明らかに周期的に起こっているが、間隔は一定していないようなので、次にいつ起こるかは定かではない。だが、磁場の逆転に先立って現れる兆候がある。それは気候パターンの急激な変化や、地球の磁場の急速な弱体化といった兆候で、両方ともまさに今起こっていることだ。こうした兆候の出現や、ポール・シフトが「いつ起こってもおかしくない」状況にあるという事実から、わたしたちがそのような逆転の初期段階にいると主張するメインストリームの科学者が急増している。

2004年7月、ニューヨーク・タイムズ紙は地球の磁場の逆転の可能性を真剣に取り上げ、科学欄のすべてを割いて、磁場の逆転とは何か、それが起こったらどうなるかについての特集を行った。その記事は、「惑星を保護するとともに多くの生き物たちを導いている地球の磁場の消失は、およそ150年ほど前に本格的に始まったようだ」(New York Times, July 2004) と述べている。少なくとも一部の科学者は、逆転がすでに始まっていることをほとんど疑わない。

実際に、地質学的な磁気の測定値は、2千年前をピークとして低下の一途を辿り、現在ではピーク時の38パーセントまで落ち込んでいる。さらに1800年代の中ごろから記録されている測定値も、磁気が低下している事実を支持し、地球の磁気が過去100年だけで、7パーセントもその強さを失ったことを示している (ESSA Technical Report IER 46-IES 1. July 1967)。極の逆転の兆候は現れているが、さまざまな理由で簡単には認められないかもしれない。地球の磁場の逆転は一定の速度で長い時間をかけてゆっくり進行すると推測されているというのも、その理由の一つである。

他にも、磁場が弱まれば弱まるほど、弱まるペースが速くなるかもしれないという証拠が示されている。もしそうだとすれば、過去の逆転はわたしたちが現在信じているよりずっと早く起こったかもしれない。たとえば、シベリア北部の僻地で、最後の氷河期に極の逆転に巻き込まれたと思われる毛むくじゃらのマンモスが、歩行中に凍った姿で発見された。口の中にはまだ最後の食事の痕跡が残っていたという。これは、そのようなシフトに伴って急激な天候の変化が起こりうることを示す証である。

1993年、『サイエンス・ニュース』誌は、「正確な極の逆転の記録を見つけるのがどうしてむずかしいのか」を調査する研究を出版した。それによると、「磁場は方向を変えると、著しく弱まるからだ」(Science News, Vol. 14, June 12, 1993)。だが、逆転する前に、どのようにして磁場が弱まるのかという疑問は依然として残る。

その疑問に対する答えは定かではないが、わたしたちにわかっているのは、そのような大規模な出来事は地球上では自然には起こらないということである。近くの天体、ひょっとしたら銀河全体に起こる出来事とつながっているようなのだ。

わたしたちの太陽・嵐の前の静けさ

ガリレオが望遠鏡を発明したことで天体観測ができるようになった西欧の天文学者たちは、太陽が周期的に強烈な磁気嵐――太陽の黒点――を引き起こし、その後、一定期間鎮まることを観察してきた。これらの周期は1610年以来、定期的に観測されてきた。測定が開始されて以来、これまで太陽の黒点活動が活発になる時期が23回あり、平均して11年続いた。もっとも最近始まったのは1996年の5月である。それが正確にいつ終わるかは謎だった。だが、2006年の春、NASAは天文学者たちがずっと待ちわびていた出来事を報じた。5月10日、太陽の黒点活動と太陽フレア（＊太陽の大気中で発生する爆発現象）が突然やみ、「静かに」なったのだ。それは太陽の黒点活動の周期が終わったことを告げるものだった。けれども、静かになったというのは誤りである。

一つの周期の終わりは新しい周期――と新しい嵐――の始まりを意味している。来るべき周期が、これまでとまるで違うのは、1986年から1996年にかけて観測された太陽黒点の強さが、次回の周期が今まで記録されたうちでもっとも強烈なものになることを暗示していることだ。「次回の太陽黒点は以前のものに比べ30パーセントから50パーセント強いものになるだろう」と、コロラドのボルダーにある国立大気研究センター（NCAR）のマウスミ・ディクパティは述べている。

国立宇宙科学技術センターのデビッド・ハサウェイはそれに同意し、以前の周期で生み出された太陽黒点が、新しい周期では自己増殖して、「大きな太陽黒点」として再登場することが予想されると言っている。そうだとすれば、太陽の磁気嵐は1958年のときに次いで二番目に強いことになる。1958年には、オーロラが南はメキシコの夜空にまで明るく輝いた。だが、当時は、そのような嵐によって妨害される衛星のようなコミュニケーションのテクノロジーがなかった。新しい太陽の黒点活動の周期が強烈なものになることが予想されるので、心配なのは当然である。だが、磁気嵐がもっとも激しくなる――太陽活動極大期――と予想される時期のことを考えると、一層深刻にならざるをえない。NCARのディクパティは太陽活動極大期の時期を2012年と見積もっている。これはマヤ人が計算した太陽が銀河と直列する時と一致する。このような現象は、人がこれだけ増え、テクノロジー化した社会では起こったことがないので、太陽の嵐がわたしたちの未来にどんな影響を及ぼすのか、誰にも確かなことはわからない。

磁場の変化がもたらすもの

太陽が磁気の転換を潜り抜けつつあり、地球も極の逆転の初期段階にあるらしいことがわかってきたが、こうした天体の出来事はマヤ暦とどんな関係にあるのだろう？　すべては何を意味するのだろう？　それは重要な疑問である。全生命が磁気の変化に強く影響されるということをわたしたちは知っているからだ。科学的文献の中には、クジラやイルカからハミングバードやウィルドビースト（＊アフリカのサバンナに棲息するウシ科の哺乳動物。別名ウシカモシカ）にいたるまで、どれだけ多くの動物がえさを取ったり、つがったりするときに、地球の磁気の「スーパーハイウェイ」を頼りにしているかを述べている研究書が無数にある。動物と同じような「スーパーハイウェイ」を使わないとはいえ、人間とて例外ではないようだ。

１９９３年、磁気受容（＊地球の磁気の変化を発見する人間の脳の能力）を研究する国際チームが、２０１２年とマヤ暦の周期、そして地球の磁場との関係を明らかにする発見をしたと報じた。そして、人間の脳が「何百万という細かな磁気粒子」を含んでいるという、注目すべき発見を公表した（Science, Vol. 260, June 11, 1993）。これらの粒子が、他の動物の場合と同様、わたしたちを目に見えない強力かつ直接的な方法で地球の磁場につないでいるのだ。このつながりは重大な意味をもっている。もし地球の磁場が２０１２年の時間枠で変わっているとすれば、わたしたちもまた影響を受けるからだ。

たとえば、磁場はわたしたちの神経系、免疫系、さらには、時間、空間、夢、現実そのものの知覚にさえ深甚な影響を及ぼす。地球の磁場の強さは総合的な値として測定されうるが、その数値は地域や場所によって異なる。20世紀の初頭、科学者たちはリボンのような磁気パターンを等高線のように示した世界地図を作成し、出版した（Royal Society of London, 243:67-92, 1950）。地図は大陸を覆う磁気ラインの強さを示し、人々がもっとも強い（あるいは弱い）磁場の影響を受けている場所を明らかにしている。２０１２年の周期にとってなぜこれが重要であるかを理解するには、意識そのものの本質を直視する必要がある。

意識についてわからないことはたくさんあるが、一つ確かなことがある。意識はエネルギーでできており、そのエネルギーは電気と磁気を含んでいるということだ。意識の電磁性については現在も研究が続いているが、わたしたちが新しいアイディアや変化をどのようにして受け入れるかに、どうやら地球の磁気が重要な役割を果たしているらしいのだ。磁場を一種のエネルギー的な「糊」として考えれば、一部の地域が変化を受け入れるのが遅いのに比べ、なぜ他の地域は新しいことに簡単に飛びつくのかを説明できる。

「エネルギーの糊」のモデルは、より強い磁場（糊が利いている）をもった地域が、伝統、信念、既存の考えに安住してしまっていることをほのめかす。磁場が弱い場所では、その正反対のことが言える。それらの地域では、人々が強引に変化を引き起こそうとする傾向があるようだ。磁場の低い地域は新しいことを受け入れる準備ができているかもしれないが、その変化をどう表現するかはそこに住む人たちに全面的に負っている。このことを念頭において、地球の磁気の地図を見てみると、絶えず紛争に明け暮れている地域を理解する助けになるかもしれない。また、技術革新や変化が他の地域に広がる前にある地域で開花する理由を理解する助けになるかもしれない。そう考えると即座に一つのつながりが鮮明に浮かび上がってくる。

世界でもっとも磁場の低い地域、つまり等高線ゼロ（ゼロガウス）の地域は、スエズ運河の下からイスラエルに真っ直ぐ走っている。まさに、めまぐるしく変化する地帯である。変化はときに一つの考えから次の考えへのスムースな移行として訪れる。そうかというと、葛藤として訪れることもある。たとえば中東では、伝統を守ろうとすることから生じる葛藤が見られる。磁場が低いからといって、変化は必ずしも葛藤として表現されるわけではない。ただ、そうした場所は物事の新しい見方を受け入れやすいというだけにすぎない。低い磁場が招きよせる変化をどう表現するかは、その地域に住む人たちにかかっている。

同じような磁場ゼロの等高線はアメリカの西海岸にも存在する。アメリカの西海岸がやはり変革の震源地として知られている地域であるのは驚くにあたらない。だが、そこでは中東とは違った方法で変革が表現される。南カリフォルニアから北ワシントン州へと伸びるこの低い磁場地帯は、しばしば革新的な地域とみなされる。科学、テクノロジー、ファッション、音楽、アートといった領域で先端的なアイディアが生まれるのだ。

対極的に、磁気が極端に高いゾーンがある。そうしたところでは、変化は時間をかけてゆっくりと現れ、しばしば紛争の結果として生じる。たとえば、中央ロシアでは、等高線の値が世界でもっとも高く、150ガウス以上を示す。冷戦の終結とともに起こったロシアの近年の政治的再編の動きは、磁場の高い地域がいかに伝統にしがみつき、ゆっくりと長い時間をかけて変化を受け入れる傾向があるかを示す恰好の例となっている。けれども、こうした地域で一旦、変化が始まると、弾みがついて確実に広がっていく。

以上のような証拠がなくても、人間が地球の磁力に影響されることをわたしたちは直観的に知っている。警察官や医療に携わっている人たちは誰でも、満月の日、過激な行動が見られることを証言するだろう。磁力が突然変化すると、わたしたちの感じ方が変わる。なぜ変わるのかを理解していないと、そうした変化は混乱の引き金になる。だが、理解している人にとっては、そのような瞬間は強力な贈り物になりうる。換言すれば、人生において痛みを引き起こしたり、家族を傷つけたり、病をもたらしたりしてきた信念のパターンを解き放ち、人生を肯定する新しい信念を受け入れるいい機会になるのだ。アーティストやミュージシャンはこのことを知っており、満月の周期を偉大な創造のチャンスとして活用することがある。意識と磁気とのつながりを示すこうした既知の例は、2012年に起こると一部で囁かれている磁力の変化がわたしたちにどのような影響を与えるかについて重要な洞察をもたらす。

現実のコードを書き換える

わたしたちは人生の変化の感じ方を変えることによって、実際に物事を経験する仕方を変えることができるだろうか？　たとえば、２０１２年の恐ろしい予測についてはどうだろう？

意識が直接わたしたちの世界に影響を及ぼすことを示す発見はたくさんある。その多くは、わたしたちの信念がどの程度、わたしたちの現実に影響を及ぼすかを明らかにするために考案された、ほぼ1世紀前の実験を下敷きにしている。

１９０９年、英国の物理学者、ジェフリー・イングラム・テイラーは有名な二孔実験を考案し、わたしたちが宇宙の中で自分をどう位置づけるかに革命をもたらした。彼の実験が明らかにしたのは、実験室に意識がある――つまり人がいる――だけで、わたしたちの世界を作っている素材である量子のふるまい方に影響を及ぼすということだった。

１９９８年2月26日、イスラエルのワイツマン科学研究所の科学者たちによってテイラーの実験が追試された。彼らは観察行為によってわたしたちの世界が影響されることを確証しただけではなく、「『見つめる』量が大きければ大きいほど観察者の影響力が大きくなることを発見した」（Nature, February 26, 1998）。換言すれば、居合わせた人たちがその実験に注目すればするほど、結果に対する影響力が増したのである。ここに、量子物理学やマヤ暦が、宇宙の中のわたしたちのパワーについて述べていることを理解する鍵がある。

わたしたちの世界や人生、身体は、わたしたちがそれらをどのように信じ、判断するかによって左右される。また、愛や恐れといった感情によっても左右される。したがって、もしわたしたちが自分の現実を変えたければ、自分自身の見方を変えなければならない。１９５７年、プリンストン大学の物理学者、ハフ・エヴェレット三世はこうした考えを一歩推し進め、わたしたちの意識の焦点がどのようにして現実を生み出すかを説明する理論を生み出した。

それは多次元世界理論と呼ばれるもので、エヴェレットは二つの既存の可能性に量子の橋をかけることによって、一つの現実から別の現実へと「飛躍する」ことが可能になるとみなした(Review of Modern Physics. Vol.29, 1950)。そうした瞬間を彼は「選択ポイント」と呼び、意識の焦点――信念――を変えることによって、経験の結果を変えることができる状況だと述べている。（＊原子や電子といった、万物を構成する素粒子は、観測されるまでは、空間に確率的に遍在する波動であり、観測された瞬間、はじめて特定の位置を持つ粒子となる。つまり観測されるまでは、ぼんやりとした雲のような存在で、観測された瞬間に粒子になるという不思議な性質を持っている。この波動から粒子への変換を〝波束の収束〟という。その粒子がどの位置に現れるかは確率的に波動方程式で計算できる。しかし、これまでの量子力学では、波束の収束として、無限の可能性が一つになったとき、別の可能性はただ消えてしまったと考えるしかなかった。それに対して、ハフ・エヴェレットが提唱した多次元世界理論では、波束の収束は

起きず、観測された瞬間、無数の可能性が、異なる平行な宇宙に分かれたと考える）

エヴェレットの観点に立ってみると、２０１２年の暦が終わる日は大規模な宇宙的選択ポイント――あらゆる要素が一緒になって、わたしたちが宇宙の中で新しい自己像や存在の仕方を容易に選べるようになる時期――を意味しているように思われる。

選択ポイント２０１２年・すべてを結束させる

２０１２年12月21日の意義についての疑問を解き明かしうる情報と文献は、現存する。８千年の歴史をもつヒンドゥー・ヴェーダ、５千年の歴史をもつヘブライ暦、アジアやアメリカの先住民の予言にいたるまで、古代の伝統は、大規模な何かがわたしたちの歴史的時間の中で起こることをほのめかしている。いずれの予言の中にも、この日、世界が終末を迎えることを無条件に告げているものはないことに注意することが大切である。予言が告げているのは、わたしたちの知っている世界がこの日、変化の時代に突入するということだ。その変化にどう対応するかが、次の世代の生き方を決定することになるだろう。

マヤの予言を他の文化の一般的な予測と分かつのは、わたしたちの生きている間に終わりの日が訪れる点だ。謎の多いマヤ暦の最後の周期は、今日すでにいくつかの兆候が見られる一連の明確な出来事に対応している。確実にわかっているのは次のようなことである。

◎マヤの大周期の終わりは、地球と太陽系と銀河の中心とが直列に並ぶ日を表している――これは2万6千年に一度の珍しい出来事である。
◎2006年3月10日、太陽嵐の周期が終わり、新しい周期が始まった。この周期は2012年にピークに達し、これまでの周期より30パーセントから50パーセント強力なものになると予測されている。
◎地球の磁場が急速に弱まっていることに、多くの科学者が同意している。地球は極の逆転の初期段階にあるのではないかと予想する科学者もいる。
◎地球の磁場と人間の経験は、相互に影響を及ぼしあうので、磁場が弱まると、わたしたちは変化を受け入れ、新しい観念に適応することがより容易になると推測される。
◎量子理論が最近確証されたことで、わたしたちが世界をどう知覚するかが物理的な現実に強力な影響をもたらすことがわかってきた。

以上の事実を考えると、2012年12月21日の冬至は宇宙的規模の好機到来であるように思える。病を生み出し、寿命を縮め、人間を孤立化させ、大戦を正当化し、世界の一部を壊してきた破壊的な信念を手放し、過去5千年で、人類が個人としての経験や種としての経験から得てきた知恵を生かす好機だということだ。そのようなチャンスは、変化に必要なすべての要素がある時期に集中するときにのみ存在する。

(1)磁場が低くなることで、わたしたちは変化に適応し、新しい経験を受け入られる準備がととのう。

(2)地球の磁気シールドの喪失によって、高エネルギーの影響をもろに受ける。

(3)2万6千年周期の銀河の直列のときに両者が起こる。

まるで、ホゼ・アグエイアスが銀河の「シンクロニゼーション・ビーム」と呼んだもののパワーをわたしたちに浴びせることを、宇宙が企んだかのようだ。なんという珍しい突飛なチャンスなのだろう。このチャンスをどのように受け止めるかは今日のわたしたちの選択にかかっている。

2005年、『サイエンティフィック・アメリカ』誌は『惑星地球の岐路』と題する特集号を組み、わたしたちが今日知っているような地上の生命が絶滅しうるシナリオが数多く未検証のままであることを明確にした。いずれのシナリオも破滅を匂わせているが、見逃せないのは、すべてが今日すでに起こっているということだ。戦争、資源の収奪、大虐殺、テクノロジーの乱用といったものが今後も続けば、破滅的な結果をもたらすのは目に見えている。わたしたちが生き方を変えるためには、信念を変えなければならない。そのためには、わたしたちが宇宙の中でどのような存在なのかに関し、ホリスティックな見方をしなければならない。

わたしたちは前例のない大破局の瞬間に向かっているのだろうか？　それとも、平和な千年に向かっているのだろうか？　あるいは両方だろうか？　誰にも確かなことはわからない。強力な太陽の嵐や磁気の逆転はきわめて現実的なことであり、太古の昔に起こったことがあることは明白である。だが、地球上に65億の人たちが住み、大半の人が電力網、コミュニケーション網、コンピュータ、全地球測位システム（＊人工衛星と地上の制御局を利用して、自分の位置を測定するシステム）などに頼っている状況で起こったことはない。いかなる誕生にもすべて不確定要素が伴う。わたしたちがこれから経験しようとしている新たな環境の誕生が、生命、テクノロジー、人間の感情や身体にとってどのような意味をもつかはわからない。

だが、古代人が1万年前というそう遠くない昔に、強烈さの点では劣るとはいえ、同様な出来事を体験したかもしれないことはわかっている。口承の聖書の伝統は、そのようなときが明らかに「普通」ではないことをほのめかしているが、生き延びてそのような周期を記録した人たちがいたという事実からは、そのような出来事は乗り越えられることがわかる（Sitchin. Zecharia. The Lost realm: Book IV of the Earth Chronicles, New York: Avon Books, 1990）。信念と現実をつなぐ物理学の新発見の数々は、自分の経験をどう感じるかが、実際に経験することに直接的な影響を与えることを告げている。これは、２０１２年問題と付き合うとき、次のようなことをほのめかしている。もし起こるかもしれない災いにばかり気を取られて生きていると、実際にはそれらの災いが起こるのを防ぎうるかもしれない楽しい経験を見逃してしまうだろうということだ。

今日、マヤの子孫たちに、祖先に何が起こったか尋ねれば、子孫たちはこう答えるだろう。祖先の人びとはある日、自分たちの寺院、天文台、ピラミッドから去り、ジャングルの中に歩み入って忽然と「姿を消し」、自分たちがやってきたところに戻っていって暦を作ったと。マヤの祖先が何者だったにせよ、わたしたちが理解しはじめていることを当時すでに知っていたことは明らかである。彼らのメッセージの鍵は、彼らの秘密が石版に刻まれた正確な時間の記号以上のものだったということだ。つまり、わたしたちはこの世界の家族であるだけではなく、宇宙のより大きな家族の一員であるということだ。ホゼ・アグエイアスが歴史上の経験として語っている「懐胎」はすでに済んでいるのだ。

以上のことを考え合わせると、２０１２年12月21日の冬至は偉大な可能性が集合的に浮かび上がる絶好のチャンスとなる。そのような瞬間は非常に珍しいものなので、わたしたちは5千年以上かけてそれに備えてきた。同じような機会が再びめぐってくるまで2万6千年待たなければならないのだ。わたしたちの光源である太陽が、銀河の中心と直列に並ぶとき、わたしたちは最大の贈り物——真実の自己という贈り物——を受け取る準備ができているだろうか？

舞台は整えられ、選択はわたしたちにかかっている。宇宙は待っている。

わたしたちは科学、歴史、伝統、信念を、２０１２年12月21日にわたしたちを待つ奇跡へ統合させる知恵を、持ち合わせているだろうか？

【2章】

知性の進化の終着点

ピーター・ラッセル

略歴：1946年ロンドンに生まれる。ケンブリッジ大学で数学、理論物理学、実験心理学、コンピュータ・サイエンスを学び、その後、ブリストル大学で瞑想の心理に関する研究に従事。人類を地球の脳とみなす「グローバル・ブレイン」というコンセプトを提唱し、話題となった。現在、企業コンサルタントをしながら、ワークショップや国際会議で講演をしている。主な著書に『グローバル・ブレイン』（工作舎）、『ホワイトホール・イン・タイム』（地湧社）。

加速する変化

人生のペースは絶えず加速しつつある。テクノロジーの飛躍的進歩は数年のうちに社会全体に広がる。以前なら何十年もかかった計算が、今では数分のうちに処理される。かつては何カ月もかかったコミュニケーションが数秒で行われる。ほぼ人生のあらゆる領域で、変化は加速している。

だが、この加速化は現代に限られたことではない。たとえば、中世の建築や農業は丸1世紀の間あまり変わらなかったが、道具が何千年も変わらなかった先史時代に比べれば、より早く変化が起こった。

こうした変化の加速化は人間に限られたものでもない。それは地球上の生命誕生にまで遡る一つのパターンである。最初の単純な生命形態は、ほぼ40億年前に進化した。多細胞の生命体が出現したのは10億年ぐらい前である。中枢神経系をもった脊椎動物は数億年前に出現した。哺乳類は六千万年前に出現し、最初の人類が地球上に立ち上がったのは数百万年前のことだ。ホモ・サピエンスが現れたのは数十万年前。言葉と道具の使用は数万年前に始まった。文明が興ったのは数千年前のことだ。産業革命は3世紀前に始まった。最後に情報革命は数十年の歴史しかもっていない。それぞれの後続のステップは前段階よりも早く起こるのが常である。

進化はなぜ加速するのか？

加速化の理由は、それぞれの新しい発達段階が、前に出現したもののいわば肩の上にのっているからだ。良い例は15億年前の性生殖の出現だ。それ以前、細胞は二つに分裂することによって繁殖した。新しい「姉妹」のそれぞれは、最初の細胞の正確なコピーだった。性生殖では、二つの細胞が合体し、遺伝情報を共有し、両者の遺伝子の組み合わせを含む遺伝子をもった子孫を生み出した。その結果、遺伝的な違いが生じるのに、もはや多くの世代は必要なくなった。今や、違いはすべての世代で起こり、進化を何千倍も加速させている。

もっと最近の例は、工業化時代から情報化時代への移行である。コンピュータを製造することになったとき、わたしたちは工場やグローバルな配給システムを作り直す必要はなかった。そうした専門技術をすでに獲得していたからだ。ただそれをコンピュータの生産に当てはめればよかったのだ。こうして情報革命ははるかに早く行き渡った。

このようなパターンは未来にも受け継がれる——それぞれの新しい局面が熟すのにかかる時間は、先行する局面で必要とされた時間の何分の1かに収まる。将来は、過去20年間の変化に相当する変化が、数年間で起こると予想してもいいかもしれない。

したがって、これからの10年、20年で世界がどのようになるかを予想するのはむずかしい。200年前、電話や映画の登場を予想した者はいなかった。ましてや、携帯電話やインターネットの出現など予想できるはずがない。ほんの20年前、インターネットがいかに劇的に生活を変えるかを考えた者はごく少数の人たちだった。同様に、新しい飛躍的な進歩や発達が、今から10年後の生活をどのように変えるかを誰が知ろう?

近づく特異点

こうしたことのすべては一体どこに導くのだろう? わたしたちは「特異点(singularity)」と呼ばれるものに向かっている、と一部の人は考える。これは、等式がこわれ、何の意味ももたなくなる時点に数学者が与える言葉だ。ルールが変わり、これまでとはまったく異なることが起こるのだ。

特異点の簡単な例は、数字を0で割ろうとするときに起こる。小さい数字で割れば割るほど、結果は大きな数字になる。だが、ある数字を0で割れば、無限大になる。これは通常の意味で数字ではない。等式が成り立たなくなるのだ。

人間の進化にも特異点があるかもしれないという考えを最初に提唱したのは、数学者のヴァーナー・ヴィンジ(*アメリカの数学者、情報工学者、SF作家。『遠き神々の炎』『最果ての銀河船団』などの邦訳書がある)だった。その後、他の人物によっても提唱されたが、その中でももっとも有名なのは『特異点は近い』を著したレイ・カーツワイル(*アメリカの発明家、実業家、未来学者。邦訳書に『スピリチュアル・マシーン コンピューターに魂が宿るとき』などがある)だ。彼は計算能力を取り上げ、過去50年間、18カ月ごとにその能力は倍になってきたが、もしこのままの

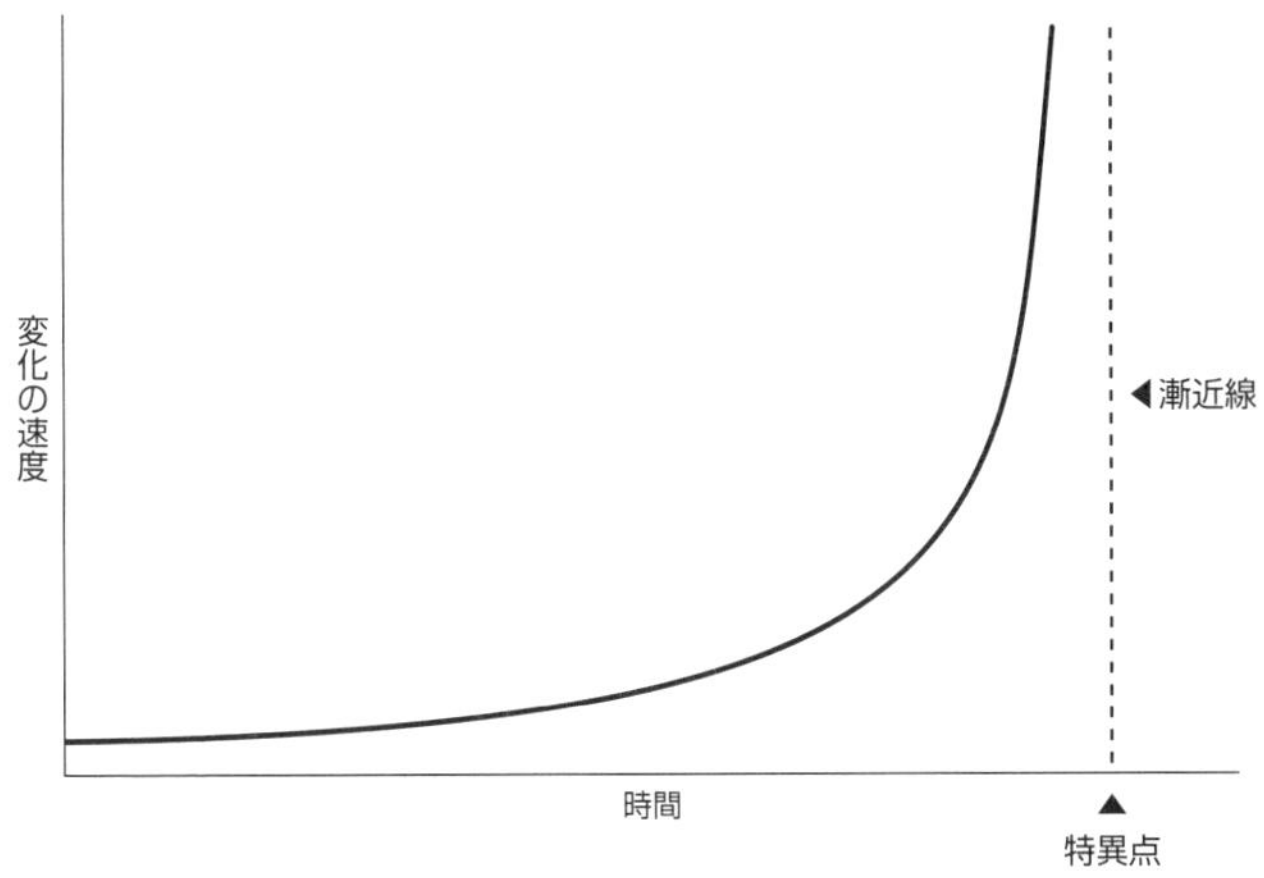

図１　特異点に接近する成長曲線

ペースで伸び続ければ、２０２０年頃には人間の脳の働きに匹敵しうるコンピュータが出現するだろうと予測する。人間の脳に優るコンピュータが出現するのは、そこからほんの小さなワン・ステップにすぎない。そのとき、未来のコンピュータのデザインに革命が起こるだろう。なぜなら、超知性的なマシーンは、より良いコンピュータをより早く考案できるようになるからだ。

　そのとき何が起こるだろう？　それは大きな疑問である。人間は衰退するとみる向きもある。機械が進化の前衛を担うようになるだろうと。人間と機械の融合――わたしたちの心をコンピュータにダウンロードする――が起こるだろうと考える者もいる。わたしたちが自信をもって予測できるのは、それが過去のパターンからの完璧な決別になるだろうということだけだ。進化は根本的に新しい領域に移行するだろう。

だが、この移行はいかに重要であろうと、数学的な意味でまだ真の特異点ではない。進化――人間、機械、人間と機械の融合――はますますペースを上げて続いていくだろう。進化の間合いは数十年から数年、数カ月、数日へと短くなり続けるだろう。そしてやがては0に近づくだろう。そのとき変化の速度は無限大となる。わたしたちは数学的な意味で真の特異点に到達するのだ。

タイムウェーブ・ゼロと2012年

植物薬理学の研究家で、アルカイック・リバイバル（古代的なものの復興）の提唱者として知られているテレンス・マッケナは、その著『Invisible Landscape（目に見えない風景）』のなかで、人類は無限に早い変化の地点に向かっているという考えを明らかにした。彼は数学的なフラクタル関数を開発し、それを「タイムウェーブ」と名づけた。タイムウェーブは世界に新しい物事が出現する速度である（＊これをマッケナはノベルティ〈新奇性という意味〉と呼んだが、ノベルティの出現〈Ingression of novelty〉は哲学者のアルフレッド・ノース・ホワイトヘッドが命名した言葉で、新しい形態の発達が生じることを指す）。このタイムウェーブは滑らかなカーブを描かない。ノベルティが出現するときとそうでないときに対応する山と谷をもっているのだ。

マッケナのタイムウェーブのもっとも顕著な特徴は反復性であるが、そのインターバルはどんどん短くなっていく。タイムウェーブのカーブは紀元前500年ごろ、ノベルティが急騰していることを示している。これは、老子、プラトン、ゾロアスター、ブッダなどがその後の1千年に大きな影響を与えた時期である。マッケナのタイムウェーブの反復性は、1960年代の後半に同じパターンが起こることを示しているが、64倍の速さでそれは起こった。2010年にそのパターンが繰り返され、64倍の速さになり、2012年になるとまた64倍の速さで繰り返される。時間スケールは月から週、週から日へと凝縮され、素早く0（マッケナが「タイムウェーブ・ゼロ」と呼んだ地点）に向かっていく。

だが、それは正確にいつなのだろうか？　マッケナは2012年12月22日という日を導き出した。そのとき彼は、マヤ暦が1日前に5125年の周期を終えることを知らなかった。マッケナ自身はその日付にあまりこだわらなかったが、2012年になって、自分の推測が正しいことが証明されるかどうかを見るのが楽しみだと打ち明けた。それなのに、悲しいかな2000年に他界してしまった。

わたしは個人的に、マヤ暦が終わる2012年の12月21日に何が起こるのかにそれほど関心はない。実際のところ、特定の日にまつわる予言は、これまでほぼすべて外れている。わたし

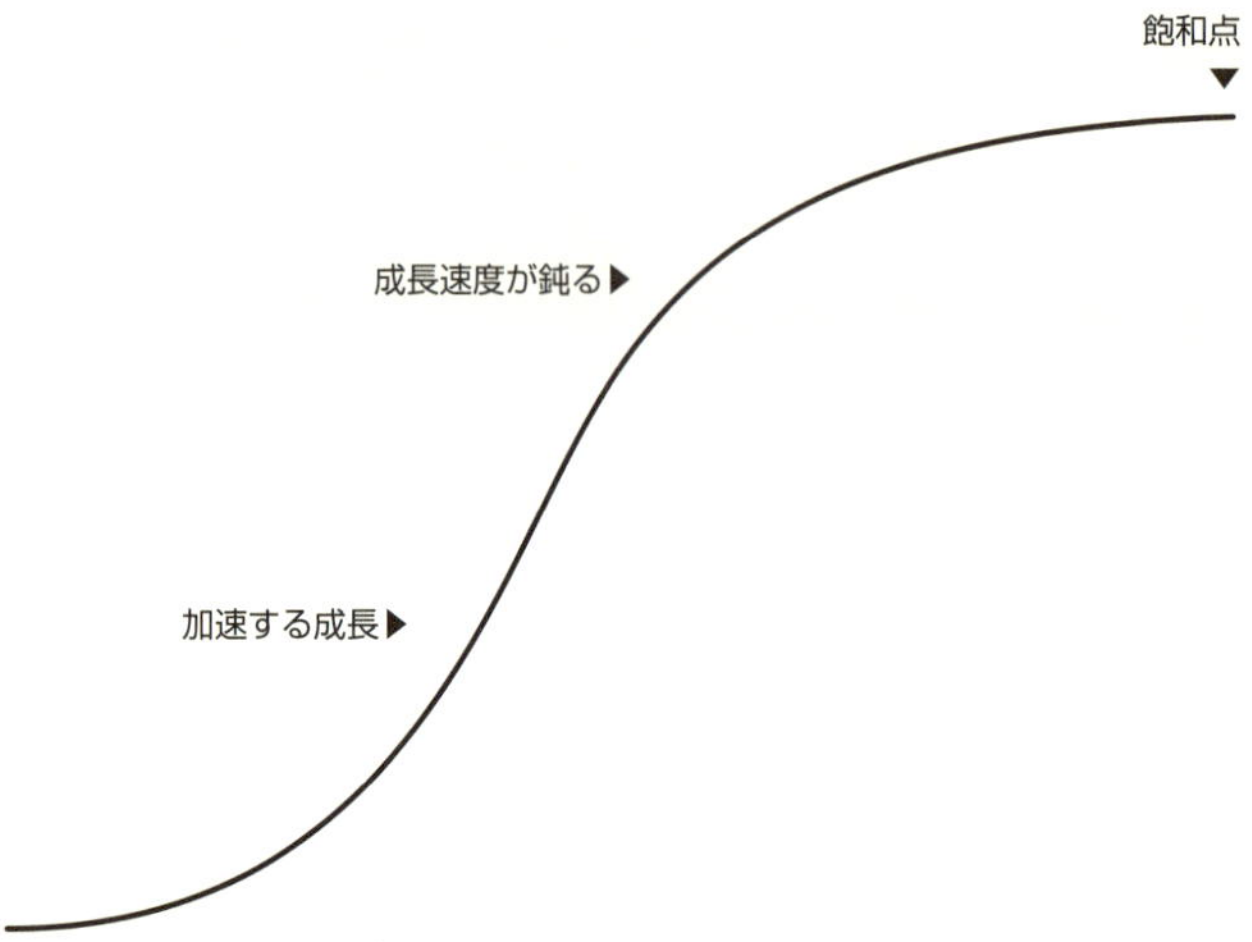

図2　あらゆる成長は飽和状態に達すると速度が鈍り、横ばいになる

が興味あるのは、この加速化のパターンがわたしたちをどこに連れていこうとしているのかということと、その想像を絶する意味合いである。それが２０１２年に起こるのか、それとも他の時期に起こるのかにも興味がある。

変化に限界はあるか?

１９９２年に出版した自著『ホワイトホール・イン・タイム』(地湧社)の中で述べているように、加速する変化のペースがこのまま続けば、わたしたちは未来永劫進化することはないだろう。わたしたちはきわめて短期間に圧縮された未来の進化の全体――想像しうる限りの発達――を見ることができるだろう。

数世代の内に、恐らくわたしたちが生きている間に、わたしたちは進化の終着点に辿りつくだろう。

「そのようなことは起こらない。なぜなら変化の速度には限界があるからだ」とよく主張される。どんな成長も最終的に横ばい状態に達し、S字型の曲線を描くというのだ。

その良い例が人口の増加である。何千年もの間、人口は増え続け、増える速度も増してきた。1千年前、世界の人口は3億1千万人ぐらいだった。1600年には倍になった。1800年には10億人に近づき、倍増する時間が150年に短縮された。1960年までに、人口は40億人に達していた。倍増する時間はたったの30年だ。だが、それ以来、人口の増加は減速した。人口の増加曲線は下降しはじめた。現在の傾向が続けば、世界の人口は恐らく100億か120億で安定するだろう。同様なS字曲線は発達のあらゆる分野に見出される。

たとえば、蒸気機関車の生産は産業革命が始まってから数世紀の間は急増したが、ジーゼルや電力が主流になる20世紀の中ごろになると、徐々に減っていった。あるいは、アメリカ合衆国における高速インターネットの成長を考えてみてもらいたい。高速回線は今世紀の初頭に急速に普及しはじめ、2005年までには全家庭の半分まで普及した。現在、飽和点が近づくにつれ、普及率は減速している。

だが、わたしたちが変化の全体速度の加速化について語るとき、いかなる特定のS字曲線についても語っているのではない。一連のS字曲線が積み重なる速度について語っているのだ。

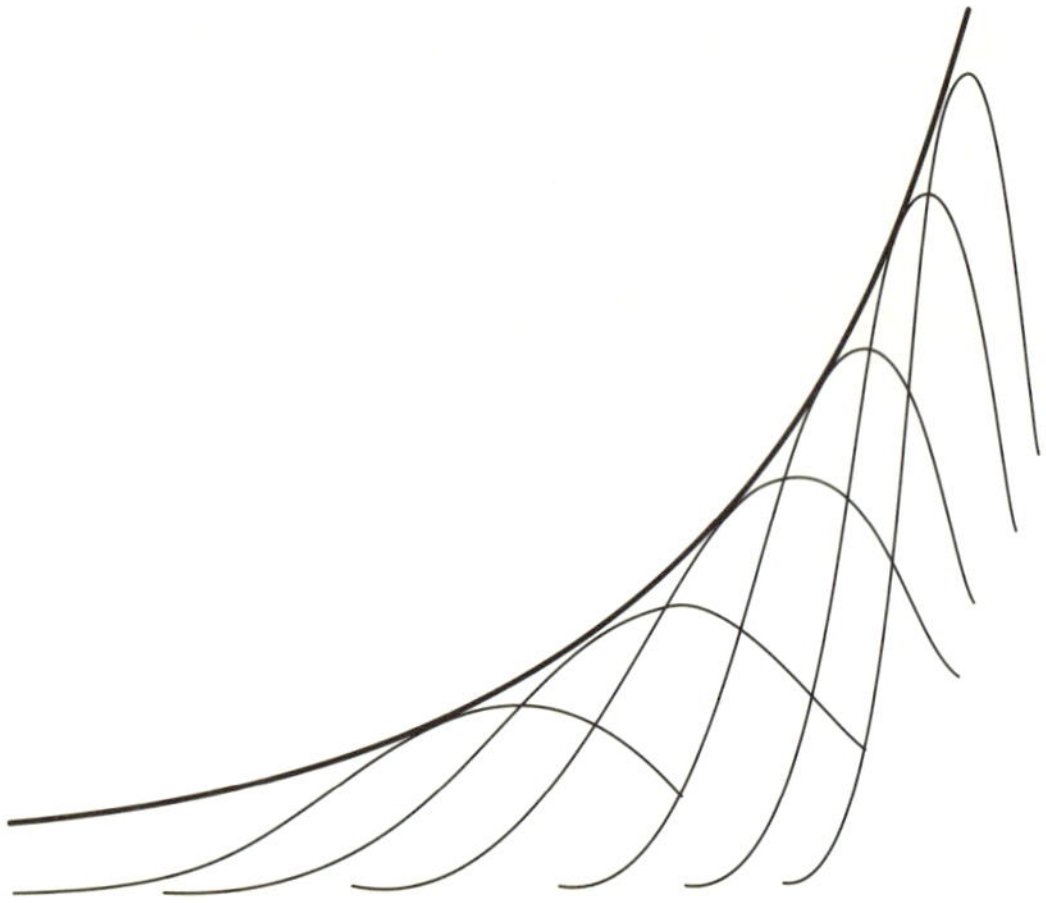

図3　連続するS字曲線は次第に速くなり積み重なる。
増加し続けるS字曲線の全体図

人口増加は数千年かかってターニング・ポイントに達した。産業革命は200年かかった。高速インターネット回線は10年以下で普及した。したがって、問題は、特定の成長が永遠に続くかどうかではなく、どんなことにせよ新しいものが出現する速度に限界はあるのかということだ。

進化する知性

進化の根底では一つのパターンが繰り返されており、それは情報処理における複雑さの増加である。DNAの暗号はとてつもなく長い年月をかけて構築された情報のデータベースである。性生殖は情報処理における進化の飛躍だった。五感の発達や後の中枢神経系の発達もそうだった。人間の出現は情報処理にもう一つの大きな飛躍をもたらした。思考や経験を分かち合う象徴言語を用いるようになったからだ。情報テクノロジーにおける数々の飛躍――文字、印刷、電話機、ラジオ、テレビ、コンピュータ、インターネット――は、一貫して情報の収集、処理、組織化、活用の能力を高めてきた。

情報を組織し活用するのは知性の本質である。わたしたちは普通、知性を主に人間特有のものとみなし、他の動物の知性についてはあまり考えない。だが、もっとも広い意味での知性は、数十億年かけて進化してきた。今日の情報革命で起こっていることは、宇宙の誕生以来続いているプロセスの最新の局面にすぎないのだ。

したがって、進化の速度に限界があるかという疑問は、特定の進化の局面の限界には関わりない。それは知性――どのような形をとるにせよ――の進化の速度には限界があるかどうかということなのだ。わたしが見る限り、いかなる限界もない。

情報化時代の次にくるもの

わたしたちは、情報テクノロジーの進化によって、すべての人間の知識が何らかの媒体を通して地球上のすべての人に即座に利用できる時代に向かおうとしている。それは、テレビ、電話、インターネットといった情報テクノロジーが継ぎ目なく統合されるグローバル・ブレインの時代だと言っていいだろう。世界中の音やビデオのアーカイブが、今日のテキストや写真と同じように簡単に利用できるようになるのだ。検索エンジンは人間との交流によって学び、ますます洗練された答えを出すようになるだろう。わたしたちは浮上しつつあるグローバル・マインドにリンクされるだろう。

この時点で、人間の知識の成長速度は頂点に達するだろう。それもまたS字曲線へと変わりはじめるだろう。だが、知識は知性の進化の最終地点ではない。データ、情報、知識、知恵のヒエラルキーを多くの人が指摘してきた。情報は生のデータから引き出されたパターンと定義できる。知識は他の状況への情報の一般化である。知恵はその知識の使い方を決める。それは「この決定は良い方向に向かうだろうか、それとも悪い方向に向かうだろうか?」「それは将来の健康の役に立つだろうか、それとも害になるだろうか?」といった、識別と評価を含む。

現在、人類は莫大な知識をもっているが、まだほんの少しの知恵しかもっていない。知恵を育まなければ、破局を避けるのはむずかしいだろう。発明家兼哲学者であるバックミンスター・フラー(＊アメリカの思想家、デザイナー、建築家。「宇宙船地球号」という言葉を広めたことで有名。『バックミンスター・フラーのダイマキシオンの世界』『宇宙船地球号操縦マニュアル』といった邦訳書がある)が繰り返し指摘しているように、わたしたちは進化の最終試験に直面している。人類は生き残るのに値するだろうか? わたしたちはすべての人のために、また来るべき世代の人たちのために、自分の並外れたパワーを使えるよう、十分に目覚めることができるだろうか？

半分目覚めた種

象徴言語は人間の知性にもう一つの重要なステップをもたらした。わたしたちはお互いにコミュニケーションするためだけではなく、自分自身の心の内部でコミュニケーションするために――つまり言葉で考えるため――言葉を用いるようになった。この力によって、自らの経験を省み、将来の計画を立てられるようになった。わたしたちは意識そのものを意識するようになった。自分自身の内的世界に目覚めはじめたのだ。

けれども現在、わたしたちは本当の自分というものに半分しか目覚めていない。自己を自覚するようになると、世界を観察し、行動を開始させる個人的な「わたし」の感覚が一緒にもたらされた。だが、この自己とは何だろう？　それが存在しているのは明らかなように思えるが、多くの人が発見してきたように、それを定義したり、はっきり識別したりするのはむずかしい。「あなたは誰ですか？」と尋ねられると、ほとんどの人はわたしたちが同一化しているさまざまなもの――名前、信念、職業、教育、役割、性、社会的地位、人格、興味など――で応える。わたしたちはアイデンティティの感覚を、自分がもっているものや、自分がこれまでにしてきたことや今していることから引き出す。だがそのようにして引き出されたアイデンティティはすべて条件つきであり、きわめて傷つきやすい。それは絶えず境遇に左右される。それゆえ壊れやすい自己感覚を防衛したり、重ねて主張したりする必要性に駆られる。肉体の生存を保障すべく考案されたわたしたちの基本的な生存プログラムは、心理的な理由で、しばしば不要な行動に導く。

わたしたちはまた、自分の奥深い欲求やそれらをいかにして満たすかについても、半分しか目覚めていない。ほとんどの人は痛みや苦しみを避け、平和や幸せを見出したいと願うが、内的な感覚は外部の環境に左右されると思い込んでいる。これは場合によっては正しい。たとえば、わたしたちが寒かったり、空腹だったりするゆえに苦しんでいる場合だ。現代社会では、ほとんどの人がこうした欲求を簡単に満たすことができる。普通、スイッチを入れるとか、店で買い物をするというだけで十分である。だが、わたしたちは同じ考え方を人生のあらゆることに当てはめる。適切な物や経験が十分に得られれば幸福だと信じるのだ。それが人間の強欲、拝金主義、出来事（や他人）を支配したいという欲求のルーツであり、わたしたちの恐れや不安の原因である。わたしたちは物事がこうあるべきだと思っているとおりになるかどうか心配する。こうした思考は、わたしたちが故郷である地球を酷使し、虐待する多くの方法の根底にも横たわっている。

わたしたちが現在、直面している地球の危機は、根本的に意識の危機である——わたしたちが莫大なテクノロジーの力をもっていながら、まだ半分しか目覚めていないという事実から生まれた危機なのだ。わたしたちは自分が何者で、本当は何を望んでいるかに目覚める必要がある。

知恵の予言

人類の歴史には、完全に目覚めたかのように思える人たちがいた。いわゆる悟った人たちである――何らかの方法で意識の本当の性質を発見した神秘家、見者、聖人、聖仙、ラマなど。彼らの発見は、それぞれが生まれた時代の支配的な世界観に応じて、いろいろな方法で表現されてきたが、本質的なメッセージはかなり一貫している。オルダス・ハクスレーはこれを「永遠の哲学」と呼んだ――太古から繰り返し発見されてきた永遠の知恵という意味だ。

悟った人たちは、個人の自己という概念のまやかしに気づいた。自分の経験を仔細に検討し、わたしたちが「わたし」と呼んでいるものを深く探っていくと、何もないのだ。わたしたちの人生につきまとうこの「わたし」という感覚は、単なる存在の感覚である。それは自覚そのものなのだ――非常に慣れ親しんでいるが、まったく実体のないものである。だから、それは普通の意味では「知る」ことができない。わたしたちはそのことに気づかずに、自己感覚に形や実体を与えようとする。さまざまな心理学的衣装――自分はこうだと思っているものやこうだと思いたいもの――で飾り立てるのだ。これは裸の王様の逆である。真の気づきを経験すると、衣装はたくさんあるが、中には王様がいないことを発見するのだ。

覚醒した人が一貫して気づくもう一つのことは、心配やおしゃべりに乱されていない心の基本的な性質が、深い安らぎや喜びや愛であることだ。それを認識していないほとんどの人は、平和や幸せを提供してくれるものを求めて自分の外側の世界を探し回る。しかし、マーケティングや広告産業がどんなメッセージを投げかけても、物や出来事は幸せをもたらしてくれない。反対に、わたしたちの心は構想や計画で一杯である。わたしたちは自分を幸せにしてくれると思っているものを得られるかどうか心配で、自分の核に横たわっている平和や安らぎをめったに経験しない。

自分の本性に目覚めれば、自己感覚や内的な健全性を保つために外的な世界に頼らなくてすむ。そして、より多くの知性と慈悲心をもって自由に行動するようになり、自我の欲求より身近な状況の必要性に注目するようになる。と同時に、自分の奥に横たわっている知恵にアクセスできるようになる。これは知性の進化の次のステップだ。知識を溜め込むことから知恵を育むことへの移行と言ってもよい。

知恵の時代の幕明け

知性が進化する速度はどんどん早くなっているので、知恵の時代の幕開けは数十年以内ではなく数年以内にやってくることが予想される。それは情報化時代を基盤として、その上に築かれるだろう。

これまでわたしたちはスピリチュアルな知恵にそれほどアクセスすることができなかった。1世紀前、ほとんどの人が入手できる唯一のスピリチュアルな伝統は、彼らの文化に固有のものだけだった。また、めったにない例外を除き、本当に目覚めた人から学ぶという恩恵を受けられなかった。今日、わたしたちはさまざまな伝統や文化の教えにアクセスし、根底に横たわる共通の真実を発見し、その永遠の哲学をわたしたちの時代の言語や用語に翻訳することができる。そのお陰で、世界のさまざまな知恵の伝統を蒸留して結晶化させた、まったく新しいスピリチュアルな教えが浮上しつつある。これはいろいろな情報テクノロジー——書籍、テープ、ウェブ・ページ、オンライン・フォーラム、インターネット放送など——を通して地球上に広められつつある。

同時に、ますます多くの人々が目覚めを経験し、すばらしい教師として活動を始めている。多くの人がインターネットを使って自分たちの知恵を分かち合い、他人が目覚めるのを助けている。目覚めを促す実践的な教えは、すでにオンライン上に出回っており、今後もっと洗練されたものになっていくかもしれない。インドの言葉で「高次の意識を直接転送する」という意味の「ダルシャン」（＊一般的にインドでダルシャンというのは、聖者の恩恵を受けるために聖者の前に人々が集うことをいう）が、ネットを介して伝達可能であることがわかるかもしれない。

覚醒はしばしば突然起こる。本人の用意ができると——必要な土台作りが終わり、状況が整えば——意識の転換はほぼ瞬時に起こりうる。霊的覚醒の神経学的な解明が進めば、覚醒のプロセスを直接促す手法が生み出される可能性もある。他にも、思いがけない発見や発達が、わたしたちが心を解放する助けになるだろう。それらがどんなものであれ、意識の転換を促す方法を学べば学ぶほど、それは早く起こるだろう。

これがメインストリームの現象になれば、人類は今より賢く思いやりのある方法で世界と関わるようになるだろう。それでも問題はある。地球の温暖化は急には収まらないだろうし、公害による汚染は蒸発してしまうことはないだろう。絶滅危惧種がその種の数を突然増やすことはないだろう。一方、わたしたちは、新しいテクノロジーを使いこなして、自分で生み出した問題を解決できるようになるかもしれない。高度なテクノロジーと高次の意識がどのようにして融合するかは、推測するしかない。まだそのような現象は起こったことがないからだ。

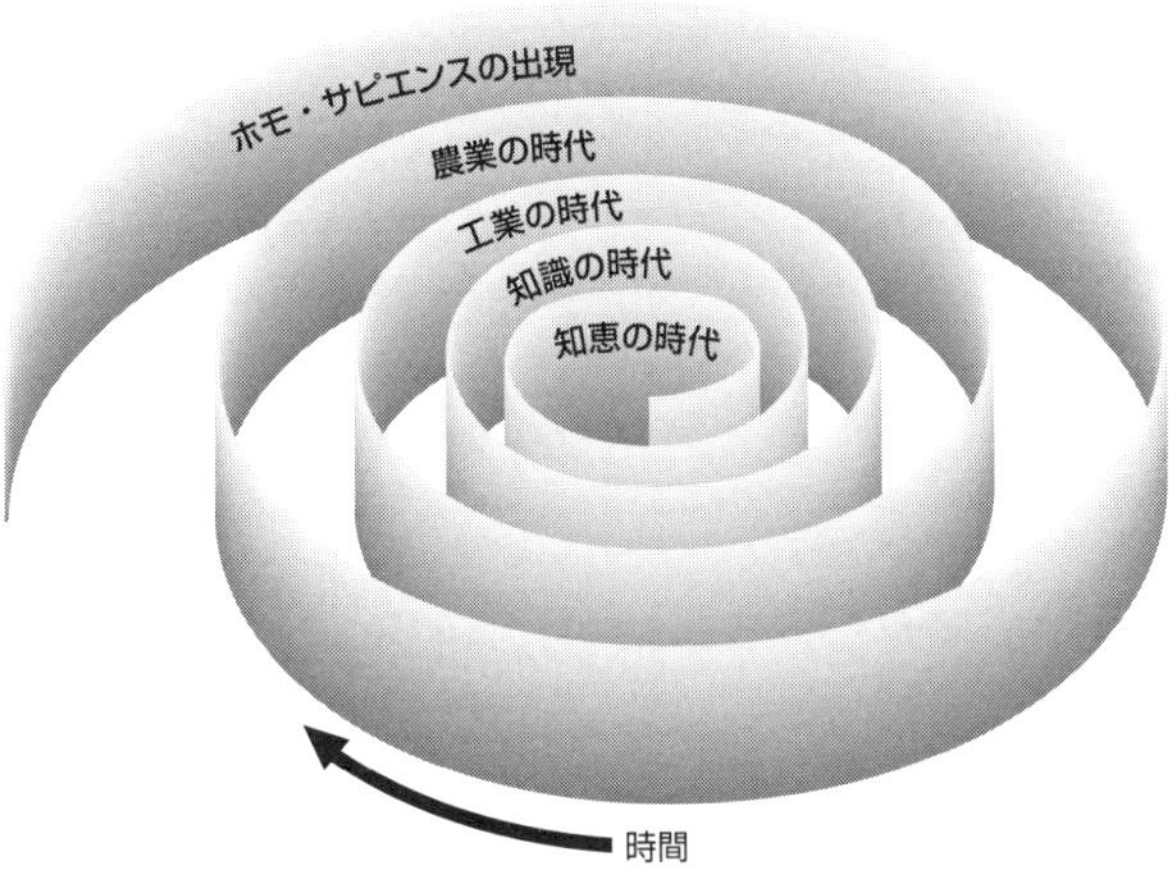

図４　進化する知性の螺旋

知恵を超えて

人類は進化の最終地点に到達しようとしているのだろうか？　それとも、進化の螺旋階段をもう一段上がろうとしているだけなのだろうか？

世界の神秘的伝統の多くは、さまざまな執着からの解放は内的覚醒の第一歩にすぎないと主張する。より普遍的な心の経験、究極の現実が前途に横たわっているというのだ。

進化した達人は、物質界は実在せず、空間と時間は究極の現実ではないと主張する。興味深いことに、この見方は現代物理学の現実像と一致する。物質の本質を究めようとすると、それはわたしたちの手からすり抜けるのだ。まるで、物質的な実体などないかのようだ。空間も時間もかつて考えられていたほど絶対的なものではない。それらはより根本的な現実である時空連続体の一部にすぎない。

進化した達人は、恐らく現実の究極の性質をすでに発見しているだろう。外部の形を掘り下げることによってではない。内的宇宙をくまなく探求することを通してである。だとすれば、わたしたち人類の種としての運命は、まさに、物質という幻想、わたしたちが時間と空間の中に存在しているという幻想から自由になることかもしれない。

常識からあまりにかけ離れているからといって、そうした可能性を性急に否定しないようにしよう。もしあなたがモーツァルトと同時代に生きていて、彼にこう言ったとしよう。「将来、人間はコインと同じ大きさの箱を所有するようになるでしょう。それは木でも金属でもない不思議な物質でできており、そこから2本の紐が出ています。その紐の先端部を両耳にあてると、まるでオーケストラと一緒の部屋の中にいるかのように、あなたの音楽がはっきり聞こえるのです」。モーツァルトはあなたが言うことを信じるだろうか？　いや、多分、あなたのことを気が触れたと思うだろう。

オメガ・ポイント

フランスの神父で古生物学者のテイヤール・ド・シャルダンは、人類が種として霊的に覚醒する運命にある、と信じていた。進化がより多くのつながりを生み出し、だんだん複雑になっていくことを突き止めた彼は、人類が「オメガ・ポイント」――進化の最終目標地点――に向かっていると主張した。

彼の考えによれば、宇宙はこれまでにいくつかの大きな進化の段階を経てきた。最初は宇宙が誕生する段階で、彼はそれを「宇宙生成」と名づけた。次にくるのは「地球生成」という地球の誕生の段階、その後に「生命生成」である生命の誕生（生物圏）が続き、人類の登場によって「知性生成」、思考圏である「知性圏」がくる。オメガ・ポイントにいたる最終段階は「キリスト生成」になるだろうと彼は予言した。これは、個人ではなく、集合的なキリスト意識の誕生である――人類全体の霊的覚醒を指す。

オメガ・ポイントは数千年のうちに起こるだろうとテイヤール・ド・シャルダンは信じた。彼は他の多くの進化論者と同じように、加速する変化の意味を考慮しなかった。後年、彼は人類を結束させるテレビやラジオの影響について述べた。これらのテクノロジーはオメガ・ポイントを大幅に引き寄せるだろうと彼は言った。彼の死の直前、最初のコンピュータが開発された。彼はその新しいテクノロジーの可能性を察知し、オメガ・ポイントをさらに近くに引き寄せるだろうと予言した。もし彼がインターネットの出現を見るまで生きていたら、オメガ・ポイントが実際にすぐやってくることに気づいただろう。

崩壊か突破か

今日、世界の中で起こっていることを見れば、人類の霊的覚醒という考えそのものをあざけりたくなるのも理解できる。日々のニュースを見ていると、わたしたちが向かっているのは、覚醒ではなく崩壊だと考えたくなる。

実際、それも一つの可能性である。わたしは世界の悲惨な危機的状況を軽視するつもりはない。もしわたしたちがいくつかの根本的な変化を遂げなければ、きっと何らかの大惨事の方へ向かうだろう。

他方でわたしは、肯定的な変化が可能であると信じる。もしこの荒れ狂う時代を安全に航海するために必要な知恵を育むことができれば、とてつもなく大きな、想像を絶する可能性が前途に横たわっている。わたしたちがバックミンスター・フラーの最後の進化の試験に合格し、本当に素晴らしい種になれることを誠心誠意証明しよう。結局、わたしたちこそ、唯一の希望なのだから。

【3章】マヤン・ファクター……テクノロジーを超える道

ホゼ・アグエイアス

略歴：1939年生まれ。1969年にシカゴ大学で芸術史と美学のPHD（博士号）を取得。「13の月の暦」の提唱者。現在、「時間の法則財団代表（NPO）」を務める。マヤ暦研究の第一人者。以下の論文の中で博士は、マヤの「壮大な宇宙観」について説明し、銀河ビームとは何か、それはわたしたちにどのような影響を及ぼすのか、2012年問題に関し、他の古代の暦体系とマヤ暦との間に何らかの一致点は見いだせるのか、マヤ人は他の惑星からやってきたのか、などの質問について答えている。主な著作に『新しい時間の発見』（風雲舎）、『マヤン・ファクター』（VOICE）、『アルクトゥルス・プローブ』（たま出版）、『時空のサーファー』（小学館）などがある。

マヤの壮大な宇宙観を通して惑星地球を理解する

わたしたちは昔から、太陽系の一部である地球という惑星に存在してきました。たとえば占星術のような体系では、太陽系内における他の惑星の位置や動きが地球に住むわたしたちに影響を与えていると考えられています。でも人は通常、銀河系の他の要素が太陽系に影響を与えているという事実について、ほとんど思いを巡らすことはないでしょう。太陽系は現に銀河系の一群に属している惑星系であり、わたしたちは銀河という壮大な宇宙からの影響を受けているのです。銀河には多くの異なったエネルギー・ビームがあり、各星群に影響を与えています。そして、その星群はそれぞれお互いに影響を与え合っている。このような壮大な宇宙観から、マヤ人は地球という惑星に存在することの意味を理解していました。

歴史的にみると、マヤ文明は中央アメリカ、現在のメキシコ、ユカタン半島に存在していました。通常言われているように、古典期のマヤ文明は西暦400年から830年まで約500年間続きました。わたしがマヤについて話す時は、特に古典期のマヤ文明について話していることを理解していただきたい。

アメリカのあらゆる主要都市では、マヤの展示会が数多く行われてきましたが、展示会にやってきた多くの人々は次のような疑問を抱きます。マヤ人とは何者なのか？　なぜマヤ文明は西暦830年頃に突然消えたのか？　マヤ人はほとんど石器時代のような生活をしていたにもかかわらず、地球の中でもきわめて精巧な暦を創り出して何をしていたのだろう？　マヤには荷物運搬用の家畜がいませんでした。冶金術もなく、車輪も使っていなかった。いずれにせよ、マヤ暦と驚嘆すべき数学体系を考え出したこれらの人々は一体何者なのでしょう？

多くの人々にとってマヤは大きな謎に包まれています。考古学者たちの説明は十分に納得のいくものではなく、マヤの謎は解明されていません。事実、マヤの謎はこの惑星における最大級の謎と言えるでしょう。

わたしは、14歳のときにはじめてマヤの神秘に引きつけられてから、ずっと研究を続けてきました。2年前にフンバツ・メンというマヤ人から連絡を受けるまでの約30年間、研究を一歩一歩積み重ねてきたのです。わたしの招きでコロラド州のボルダーにやってきたフンバツ・メンは、マヤの占星術について話をしてくれました。彼の情報のおかげで、今までバラバラだったかけらが寄せ集められ、ジグゾーパズルのように全体像がくっきりと浮かび上がってきたのです。フンバツ・メンが残していった貴重な情報の一つは、マヤ人が海図や道しるべとして使っている図表によれば、わたしたちの太陽系は第七番目の星系（＊わたしたちの太陽系は、昴《すばる》として知られているプレアデス星団の中心星であるアルシオネの周りを回っている七つの太陽系の一つと考えられている。一番外側の軌道を回っているので七番目の太陽系とみなされているのだ）である、ということです。それを聞いてこんなふうに考えました。「そうか、もしそうならば、マヤ人はもともとこの惑星に住んでいたのではないのかもしれない。少なくとも最初にマヤの種を植え付けた者たちは他の惑星からやってきたはずだ」と。このような視点を基にして、自分が持っている情報とデータを洗い直し、それらをもう一度検証してみました。その結果得られた答えはすべてつじつまが合い、道理に適っていました。わたしはマヤ人を「銀河のサーファー」と呼びますが、その中でも特に秀でた者を「銀河の達人」と呼んでいます。

マヤの目的と銀河のビーム

マヤ人がこの惑星にやってきた目的はとてもはっきりしています。彼らは銀河的枠組みの中で、太陽系の一部である地球の特定の時期における自然環境とその目的について、一連の明確な手がかりと情報を残して去っていきました。マヤ人は特別な時期を選んで地球にやってきて、地球を調査したのです。そして、少なくとも地球と七つの中心的惑星の関係についてと、紀元前3113年から始まって今現在も地球を通過しつつある銀河ビームの性質についての調査結果を残していきました。かつて彼らは地球と銀河ビームの関係や、地球と他の惑星や太陽との関係についての計測を行い、その仕事を完成させました。

マヤが神秘に満ちているのは、マヤ暦と呼ばれている暦と大いに関係があります。もし、古典期のマヤ人が神殿や町を建設し始めたのが西暦100年から300年の間だったとすれば、なぜ紀元前3113年の8月13日頃を始まりの日とする精巧な暦を使っていたのでしょう？ マヤ暦は通常「大周期」と呼ばれ、紀元前3113年に始まり、西暦2012年に終わっています。疑問は、マヤ文明が1千年紀の初期の頃まで大きく開花することがなかったにもかかわらず、どうして紀元前3113年から始まる暦を持っていたのか、ということです。

マヤ人とはそもそも、太陽系の外にある銀河系の別の場所からやってきた人たちであり、またマヤの数学体系は暦を明確にするために実際に使われていたものであるとわたしは推測します。マヤ人が暦を創り出したのは、一般的に農耕や種まきの時期を知るためだと考えられています。もう一度原点にさかのぼって考えた結果、その数学体系がまず最初に存在し、その後、その考えが地上の暦に応用されたものであるという結論に至りました。マヤの数学体系を見たときと同じように、マヤ暦の驚くほどの調和的な数字の並びを見たとき、わたしは衝撃を受けました。マヤ暦は一定の間隔で繰り返される周期や、びっくりするほど調和の取れた周期を実際に計測したものです。大周期（＊古代マヤで使われていた5125年を一つのサイクルとする暦の体系）とは時間の計測ではなく、むしろ5125年の広大な幅を持っているビームの計測、言い換えれば5125年に相当する直径をもつビームが、この惑星を通過する航跡の計測であったことに、わたしはたちまち打ちのめされてしまいました。銀河ビームがローカルな恒星である太陽を媒介として地球を通過しているということを、日常生活で気づくことはむずかしい。そのビームは地球だけではなく他の惑星も通過しているのですが、それは地球にとって何か特別な意味があるようにわたしは感じています。

すべての銀河には中心があります。物理的に知覚できる銀河は、中心付近が渦巻になっていることが多い。銀河の中心は想像を絶するほど密集しており、その中心の核から銀河ビームと情報が発信されているのです。銀河から発信されているビームと情報は、クエーサー（＊非常に離れた距離において極めて明るく輝いているために、光学望遠鏡では内部構造が見えず、恒星のような点光源に見える天体のこと。準星ともいう）や他の似たような現象ときわめて密接に関係しています。ラジオの放送局からさまざまな種類の電波が継続的に発信されているように、銀河の中心で創り出されている「情報ビーム」は発信され続けているのです。ここで、次のような疑問が生じてきます。これらのビームの性質は何か？　なぜそれらは発信され続けているのか？　ビームからの情報は生命を生み出すのか？　ＤＮＡコードはビームの情報の一部なのか？　実際、これらのビームはさまざまな星系にどのように影響を与えているのか？

マヤの科学

マヤの科学は共振の原理に基づいていますが、17世紀に始まったわたしたちの科学は、知り得ることができる究極のリアリティは物質であるという考えに基づいています。けれども、現代科学は、究極のリアリティは物質であるという考えはもはや絶対的ではないという地点までやってきました。要するに、現代科学はマヤの科学が始まる地点のすぐそばまで近づいてきたのです。マヤの科学では、宇宙の働きの重要な基盤となっているのは共振――振動の周期、あるいは振動の波――の原理です。これらの波は、特定の密度に達すると原子やそれよりも小さい素粒子などになりますが、マヤの根底にあるリアリティの本質は振動であり共振なのです。

共振とは一つの性質です。「リゾナンス」という言葉は、「もう一度響く、反響する」という意味です。ある種の媒体は振動のシグナルが発信者から受信者に届くのを可能にします。振動のシグナルとは周波数のようなものです。マヤの見方によれば、すべてのリアリティは、さまざまなレベルの周波数で成り立っているのです。

また、マヤの科学と現代科学の違いを理解する上で欠かせないもう一つの要素は、一般的に現代科学が、感覚を通して経験できる物質の世界こそが知り得る唯一のリアリティだと認識している点です。要するに、この現実と同時に存在している他の次元や他のリアリティを認めていないのです。けれども、倍音の原理を理解することができれば、多次元が同時に存在するという共振の原理も受け入れられるようになるかもしれません。あらゆる音には、整数倍の周波数をもつ倍音（部分音）があります。倍音は多くの異なったオクターブ上で鳴り響いていますが、わたしたちがいる現実では、一つの音だけしか聞くことができません。今ここに座って、聞いたり、話したりしているときに体験しているのは一つの音だけですが、同時にさまざまな倍音が鳴り響いているのです。このように、さまざまな倍音が鳴り響いているということを知ることは、わたしたちが通常、唯一リアルなものと見なしているものと他のさまざまな次元が同時に存在することを理解する鍵になります。

テクノロジーを超えた道に共振原理を取り入れる

あらゆるものは共振状態にあると言えますが、その原理について話をしたいと思います。共振の原理が意味するものを完全に受け入れることができれば、それはまさに根本的なシフトとなるでしょう。究極的にあらゆるものが共振しているならば、すべてはある種の調和状態にあるはずです。さまざまなシフトや波がありますし、周期にもいろいろあります。でも、基本的に、あらゆるリアリティには一つの調和的な構造があります。

もし、あらゆるものが共振しているならば、それは何を物語っているのでしょう? わたしたちが周りの環境や惑星、さらには太陽と共振していることを意味します。人間の脳の活動はさまざまな脳波の周期や周波数によって測定されます。たとえば、アルファ波という脳波は、地球の基本的共振数である7・5ヘルツ、あるいは7・5メガサイクルに一致します。これは共振に関する非常に興味深い例と言えましょう。

このような例を知ることによって、現行の科学では解明できない、可能性の扉が開かれます。わたしたちは周りの重要な周波数に自らの周波数を同調させることによって、どうすれば直接自分の身体を介して環境からエネルギーを引き出せるかを理解しはじめます。これは急進的な考えです。

この自然界において、人間はトイレを使う唯一の生き物であるというのは非常に興味深いことです。また断熱材を使ったり、服を着たりする唯一の生き物でもある。他のすべての生き物は自然と共存することができます。いわゆる、自分の体温を調節することによって、周囲の環境に適応できるのです。わたしたち人間にも同じような能力があるはずですが、誰もそれをまともな問題として取り上げる者はいません。さらに困ったことに、間違った答えを当然のように受け入れており、周囲の環境とうまく調和するために自分の受容的な共振能力を十分に使っていません。

暗号（コード）としてマヤ暦に埋め込まれた銀河と地球の関係

わたしはマヤ暦の研究を30年あまり続けてきましたが、同時に他の暦体系の中でもとりわけ有名な『易経』の研究も行ってきました。これらの研究を続けながら、マヤ暦と『易経』の間には何らかの類似性、あるいは相似性があるのではないかと感じてきました。研究すればするほど、マヤ暦と『易経』の類似性がはっきりとしたものになり、特にこの数年は、これらの暦が単なる暦ではなく、他の目的でも使われていたことがわかってきました。そんな折、わたしたちが暦と呼んでいるものは、根底にあるコード（暗号）の使用法の一つにすぎないのではないかという考えに打たれました。暦を見れば、そこにはコードが存在しているのです。

コードを理解するためには、いわゆるホログラフィーやフラクタル数学に関わる、特定の原理を理解する必要があります。ホログラフィーの考えでは、部分は全体を含んでおり、どんな部分の中にも全体がコードとして埋め込まれています。暦はそのコードを基にして創られたものだということがわかってきました。それがもっとも大切な点です。そこで、このコードとは何か、一体何を意味するのかを調べてみました。その結果、そのコードが暦の他にもたくさん応用できることがわかってきました。通常、２６０日周期で成り立っていると言われているマヤ暦は、２６０単位のマトリックスのコードであることがわかりました。こうした事実を踏まえて大周期をじっくり観察してみると、それは完全に２６０単位のコードに対応していました。つまり、大周期は２６０日周期で成り立っているのではなく、２６０のカトゥン（20年を一つの単位とする）から成り立っているのです。だから、同じコードだったのです。さらに、そのコードには、存在のほぼあらゆる側面と結びついている数学的性質が含まれていることがわかってきました。今日の科学には、元素の周期律表というものがありますが、マヤ暦や大周期の根底にあるコードもそれと似ています。ただ銀河の周波数の周期律表であるというだけなのです。

共振の原理をもう一度考えてみると、あらゆる形というものは実際に周波数によって決定されていると言うことができます。まず初めに、一定の周期で振動している周波数があり、その周波数の大きさによって、存在するあらゆるものの形が決定される。その周波数は幾何学的図形に翻訳できる数学的性質を持っています。そして、その幾何学的図形が形へと変換されます。このように根底にあるコードは、さまざまな次元におけるあらゆる現象を実際に支配する銀河の周波数の周期律表なのです。それは宇宙のコードであり、驚くべき自然のコードなのです。

現在の状況

マヤ暦によれば、地球は紀元前3113年からビームの影響を受け始めており、そのビームから外れるまで、残すところわずかとなってしまいました。ビームの表現としてマヤ暦を調べてみると、このビームはバクトゥンと呼ばれる13の下位周期に再分割されることがわかります。わたしたちは現在、西暦1618年から2012年という、銀河ビームの13番目にあたる下位周期にいます。下位周期はそれぞれ約394年の長さがありますが、今終わりに近づいていきます。

では、終わりとは何を意味しているのでしょう？　それはつまり、わたしたち人類が今、とても重要な時期にいることを意味しています。紀元前３１１３年に始まって現在に至るこのビームは、だんだん勢いを増し、強烈な高波となっていく波に似ています。地球がビームを通過している間、わたしたちはテクノロジーの文明を前面に押し出してきました。ここ２００年、テクノロジーの発達は目を見張らせるものがあります。わたしたちは世界を、テクノロジーや「地球の外部神経系」とわたしが呼ぶもので覆い尽くしてしまったのです。そして、ついに人間社会は飽和点に達しました。ビームの視点から見れば、この地球のテクノロジーはほぼ飽和点に達したと解釈できるのです。

もし、ビームを波として考えるならば、５１００年の間次第に大きくなってきたその波は、今砕けようとしています。正確に言えば、ビームが砕け始めたのは、ハーモニック・コンバージェンスがあった１９８７年の8月16日から17日にかけてです。次のようにイメージしてみてください。あなたはビーチに立って、海から打ち寄せる波を見ています。波は盛り上がって頂点に達し、砕け、ただの泡となって消えていきます。この比喩を使えば、波がビーチに打ち寄せるのは２０１２年です。そのとき、わたしたちは銀河文明あるいは惑星間文明に移行する準備をします。２０１２年までの最後の25年間は、地球という惑星にとって非常に興味深くて意義のある重要な時期となります。銀河的観点に立つと、非常に重要な時期なのです。というのも、高次の知性の出現によって、テクノロジーに疲れ果てた人類は、テクノロジーでは最終的に救われないことを悟るからです。

わたしの著書『マヤン・ファクター』でもっとも革新的な点の一つは、実際にテクノロジーがもはや必要なくなる可能性を示唆しているところです。ホモ・サピエンスと呼ばれる進化した種は、銀河ビームの影響を受けてきました。その結果、テクノロジーや人工的環境、さらには人工的なコミュニケーション網を生み出してきました。これは明らかに進化的シフトとも言える進化の局面を表していますが、惑星の観点から言えば、わたしたちが表面にへばりついているという事実も直視しなければなりません。地球という惑星は進化する生命有機体であり、わたしたち人間はその表面でもっとも活発に活動している存在なのです。肯定的な意味で、「このテクノロジー創出の目的は、人間が惑星的な存在であり、惑星有機体の一部であることをわたしたちに自覚させることだった」と言えるかもしれません。テクノロジーを発達させ、地球をコミュニケーション網で覆うことが、そうした自覚を可能にする唯一の手段だったのです。人工的なコミュニケーション網は地球を縮小し、世界中の人と瞬時にコミュニケーションすることを可能にしました。

もし、この事実を惑星的視点から見たとすれば、人類はきわめて危険な状態に突入していると言えるでしょう。というのも、この5～600年の間に、地中から掘り起こした化石燃料や、種々の貴重な鉱物、金属などに頼る文明を生み出してきたからです。その結果、宇宙船地球号に蓄えられていたエネルギーをほぼすべて使い果たしてしまったのです。かりに石油が尽きるまでまだ40年あると言ったところで、それはそんなに遠い先の話ではありません。そこから先はどうなるのでしょう？　この問題の核心は、「エネルギーの蓄えをこれ以上使い果たしてはいけない」ということです。一定のエネルギーを蓄えておいて、必要なときに使う。それならいいのですが、途方もないテクノロジーの開発に夢中になって、エネルギーを使い果たしてはならないのです。それなのに、人類はそれをしてきた。今、テクノロジーを超えた道を歩むことが絶対に必要になっています。

宇宙船地球号のエネルギーを消耗している間、わたしたちは一次元的なリアリティの見方に屈してきました。一次元的な見方の中で、わたしたちの信念体系の回路はめちゃくちゃにされてきました。社会の大多数を占める一般大衆は、化石燃料や化学肥料の使用が信じがたいほどの大気汚染を生み出しているにもかかわらず、太陽エネルギーよりも優れていると信じ込んでいます。テクノロジーの追求に夢中になるあまり、人は一次元に心酔してしまったのです。さもなくば、健忘症になってしまったのです。つまり、光よりも闇の方が素晴らしいと思い込んでいるのです。

目覚めの時・西暦2012年

わたしたちは目覚めなければなりません。わたしたちを現在牛耳っているのは「大衆的思考」と呼ばれるものです。大衆的思考は、現代人の生活に欠かせないさまざまな公共機関や政府によってコントロールされています。政府や公共機関、そしてマスメディアは絶えずネガティブな情報を流し続けています。そのため、大衆の間でも、ネガティブな考え方がはびこっています。人類全体がある種の粗悪な文化的催眠――あるいは文明に酔うトランス状態――にかかってしまっているのです。重要なのは、目覚めることです。そうすれば、ビームの変化を楽しむことができる。テクノロジーの追求や資源の収奪や地球の汚染を通して、人類はとても不安定な状態を創り出してきました。今後も地球上での生活を楽しみたければ、目覚めなければなりません。目覚めるということは、テクノロジーが人類を救うことができないことを認め、テクノロジーを超える道を模索しなければならないことを意味します。地球は今すでにバランスを崩した状態にあるので、もしわたしたちが目覚めなければ、破滅に向かっていくのは自然の成り行きでしょう。

わたしたちは今まさに瀬戸際にいます。目覚めて思い切った采配を振るい、惑星の進化を支え続けるか、目覚めずにこのまま破滅の道を歩むのかの瀬戸際です。最終的に残りの資源を使い果たしてしまったとしても、わたしたちにはまだ、宇宙船地球号を今の姿のままで存続させていける重要な資源があります。太陽エネルギーや洗練された頭脳、そして今ここに存在している肉体です。宇宙船地球号は間違った乗組員によって操縦されているのです。今、反乱を起こす時です。

マヤ暦と『易経』『ヨハネの黙示録』との類似性

マヤの銀河コードと『易経』や『ヨハネの黙示録』、その他多くの暦体系には、実際のところ数多くの類似点があります。そのわけは簡単に説明できます。一言で言えば、人類はみな地球という同じフィールドで生活を営んできたということが挙げられるでしょう。古代の中国でも、古代のエジプトでも、古代のイスラエルでも、古代のメキシコでも、同じ情報ビームを受信し、各地域の既存の信念に条件づけられた言語に翻訳してきたのです。

たとえば、中国で発達した『易経』の卦（コード）は、DNAの数学的コードとまったく同じであり、二進法の調和的なマヤの数学的コードともぴったり一致します。また、『ヨハネの黙示録』の数学的コードは、7、13、144、144000を基にしていますが、それはマヤのコードとまったく同じです。

マヤのコードはマスター・コードであり、銀河のコードなのです。同じコードがいろいろなところにあるのは、どこにいても人間は、地球に影響を与えている同じビームから同じ情報を受信しているからです。これらのコードや、『易経』や『ヨハネの黙示録』のようなシステムのほとんどは、何千年も前に開発されました。テクノロジーが支配的になる前のそれらの時代においては、人間はビームを受信する能力にもっと長けていました。わたしたちの受信能力は今ほとんど閉ざされています。それでも目覚めた人があちこちにいて、他の人々を目覚めさせようと努力をしています。コードの視点から見れば、目覚めとは、受信能力を開放することです。これは本当に心を入れかえた人だけにしかできません。わたしたちの生活や地球上で起こっていることを直視し、生き延びるためには、受信能力を開花させなければならないことに気づく必要があるのです。能力を取り戻せば、ビームの情報を受け取り、次に何をするべきかがわかるでしょう。ある人はこう訊ねるかもしれません。「もし、運命がすでに描かれているとすれば、わたしたちに一体何ができるのでしょう?」と。だが実際に描かれているのは、いくつかの物事に関してだけなのです。それに気づかないでいる間は、それを活用できません。

マヤ人は地球にやってきて、地球の生物圏にきわめて巧みな介入を行い、他の多くの文明と同じような文明を残して去っていきました。それは周到なカムフラージュだったのです。マヤの暦や他のコード体系、地球上における他の暦の研究を通じてわかったことは、すべてがマヤのコードに含まれているということです。『マヤン・ファクター』で紹介したように、特にDN

Aコードと『易経』の卦は、主要な構成要素としてマヤのコードに含まれています。地球上には、このようなコードは他にはありません。

銀河のシンクロニゼーションとUFO

西暦2012年、わたしたちは紀元前3113年にいたところから、ビームの螺旋階段を一段上がったところに到達することになるでしょう。それはつまり、新たな始まりであり、ここにいるわたしたちにとっては進化の飛躍を意味しています。これまで話してきた「大周期」は、別のもっと大きな周期の下位周期にすぎません。この大きな周期はおよそ2万6千年の周期で、やはり2012年に終わりを迎えます。2万6千年という周期は、ホモ・サピエンスの進化の段階をほぼすっぽりと包み込んでいます。最後の氷河期のピークは紀元前2万4千年で、いわゆる「現代の人類」が出現した時期です。この2万6千年という周期は、実際には五つの大周期を含んでいます。わたしたちは現在、紀元前2万4千年から始まった〈歳差運動の〉2万6千年周期の、五番目で最後の大周期に生きています。わたしたちが2012年をきわめて重要な節目とみなすのはそのためです。それはわたしが「銀河のシンクロニゼーション」と呼ぶ、大きな進化が起こる時なのです。（＊アグエイアス博士は、約2万6千年の歳差運動〈分点歳差〉周期の始まりを紀元前2万4千年頃に位置づけ、2012年12月のマヤ大周期の区切りは、同時にこの歳差運動周期の区切りでもあると考えている。博士の見方だと、歳差運動周期は五分割され、その最後で五番目の大周期の終わりをいまわれわれは生きていることになる）

リアリティにはさまざまな次元があり、この宇宙にはわたしたちよりも知性的で、より進化した段階の存在がいます。宇宙は恵み深く、慈愛に満ちています。そこにはわたしたちを破壊する者は誰もいません。大気汚染が深刻になりだした１９４５年、原爆の投下によって放射性廃棄物が環境にばら撒かれて以来、ＵＦＯの活動が活発になりました。現代におけるＵＦＯ現象が頻発するようになったのは、その時以来です。マヤン・ファクターとＵＦＯ現象には特定の関係があり、これからもＵＦＯの活動はもっと盛んになると予想されます。わたしたちは今、銀河文明の中にいることを理解しなければなりません。

それを理解してこそ、わたしたちは本来の至高の存在へと回帰できるのです。回帰すれば、誰もが銀河ビームの受信能力を取り戻し、わたしがこれまで述べてきたマヤン・ファクターの情報にコンタクトできるようになるでしょう。

【4章】

九つの地下世界　拡大する意識のレベル

カール・ヨハン・コールマン

略歴：ストックホルム大学で生物物理学の博士号を取得。シアトルのワシントン大学で主任研究員を、WHO（世界保健機関）で癌専門医を務める。著書「The Purposeful Universe（目的をもった宇宙）」（Inner Traditions, 2009）の中で「宇宙の生命樹」をもとに新たな生物進化論を提唱した。現在、オンライン大学〝International Metaphysical University〟で教鞭をふるう。著書に、『マヤ暦が終わるのは2011年10月28日だった』（VOICE）がある。その原書からの抜粋である以下の文章の中で、コールマンは九つの地下世界と、最終レベルの宇宙地下世界の概念を探究している。

九つの地下世界

中米の神話には、九つの地下世界というものがある。その起源をつまびらかにするのは不可能だが、それらの地下世界は地球の中心核を介して、順番に活性化する意識の枠組みを表しているのかもしれない。

現在の宇宙が、マヤ暦の大周期の始まるずっと以前に誕生したことを現代科学は明らかにしてきた。150億年（＊ビッグ・バンがいつ起こったかは正確にはわかっていない。137億年前とする説もある）ほど前、いわゆるビッグ・バンで光から最初の物質が生み出されたときに宇宙は誕生した。その後、銀河、太陽系、生物が棲む惑星が誕生した。だから大周期は何もないところから始まったのではなく、長い進化の行程を土台にして始まったのだ。

マヤ暦はこの長大な宇宙の年齢をどのようにとらえているのだろう？　興味深いことに、マヤ人は、世界が5125年よりずっと長い歴史をもっていることを知っていた。ユカタン半島にある古代コバ遺跡で発見された石柱には、13×20のn乗トゥン（トゥンは18ウィナル、ウィナルは20キン、キンは1日）の積み重ねで表される創造の周期が刻みつけられている。そこでは、長期暦の始まりが何層にも積み重なった時間周期の一つとして示されている。つまり、大周期（13×20^2トゥン）のような周期がいろいろあるのだ。創造は複数の創造周期がピラミッド状に積み重なった複合体とみなされ、大周期はその一つにすぎない。たとえば、今日でもマヤの儀式では、ときどきサルが演じられることがあるが、これは「以前の創造」に由来するものだ。中米の神話に見られる九つの地下世界のそれぞれは、土台になっている地下世界の周期の20分の1の周期をもつ個別の「創造」を表している。マヤの主要なピラミッド群――パレンケにある碑文の神殿、ティカールにあるジャガーのピラミッド、チチェン・イッツァにあるククルカンのピラミッド――がすべて九つの層からなる構造物として建造されているのは、ピラミッド状に積み重なった九つの地下世界を反映するものである。

これらの九つの地下世界は時に「地獄」と訳されてきたが、それは間違っていると私は確信している。マヤ人が「地獄」を讃えて九階のピラミッドを建てたとは考えにくい。地下世界は地球の内的な核の中で順番に活性化される結晶構造に関連している（＊キリスト教の地獄は、北欧神話に出てくる地球の母であるヘルに由来している。ヘルは家父長制的な大周期の中では、恐ろしい力として描かれていたのだ）。これら九つの地下世界を生み出した創造の始まる時期とそれに付随する出来事を表にすると次のようになる（図5参照）。

（図5図6図7はいずれも『マヤ暦が終わるのは、２０１１年10月28日だった！』（カール・コールマン著　白川貴子訳　小原大典監修　ＶＯＩＣＥより）

図５　九つの地下世界の霊的な時間と物理的な時間の継続期間と、その開始時期に起こった現象

地下世界	霊的 宇宙時間	物理的 地球時間	開始時期の 現象	開始時期の現象 の 科学的年代測定
宇宙	13×20キン	260日	?	1日
銀河	13×20^{0}トゥン	4680日 （12.8年）	?	20日
惑星	13×20^{1}トゥン	256年	工業化社会	1769年
国家	13×20^{2}トゥン	5,125年	文字	紀元前3100年
地域	13×20^{3}トゥン	102,000年	話し言葉	紀元前10万年
部族	13×20^{4}トゥン	200万年	最初の人間	200万年前
家族	13×20^{5}トゥン	4,100万年	最初の霊長類	4,000万年前
哺乳類	13×20^{6}トゥン	8億2000万年	最初の動物	8億5000万年前
細胞	13×20^{7}トゥン	164億年	物質 「ビック・バン」	150～160 億年前

わたしたちは今まで、六番目の地下世界から生まれた国家に関心のすべてを向ける意識の枠組みに導かれてきたが、それはいくつもある地下世界の一つにすぎない。この地下世界はさらに限定された意識の枠組みを生み出してきた五つの下位の地下世界を土台にして建てられている。このように九層のマヤのピラミッドは、各地下世界がその前の地下世界を土台にするという方法で、意識が階層的に生み出され、進化してきたことを告げている。

話を先に進める前に、トゥン（360日周期）を基盤とするマヤ暦のシステムで用いられているさまざまな時間区分を要約しておこう。九つの主要な創造周期のそれぞれはトゥンの倍数で構築されている。トゥンを基数にしてそれに20の倍数を掛け合わせた長さに基づいて階層的な時間周期が生み出されているのだ。（ただし、1トゥンは20ではなく18ウィナルで構成されている）。

九つの地下世界のそれぞれは七つの昼と六つの夜からなる13の天界を通して発展していく。最初に13ハブラトゥンという期間が続く細胞の地下世界が開かれ、続いてアラウトゥンやキンチルトゥンという長さの地下世界が開けていく（図6参照）。

13の天界は新たなレベルに達するたびに、より高い意識の枠組みを発達させていく。それぞれの地下世界は特定の意識の枠組み——細胞、哺乳類など——に関連している。各地下世界はまた特定の創造の周波数をもち、その周波数に応じてエネルギーが変化する。すべてのレベル

図6　トゥン（360日のサイクル）にもとづく時間周期と、物理時間に換算した継続期間

マヤ時間周期の名前	霊的宇宙時間	物理的地球時間
キン	1キン	1日
ウィナル	20キン	20日
トゥン	1トゥン	360日
カトゥン	20トゥン	7200日または19.7年
バクトゥン	20^2トゥン	14万4000日または394年
ピクトゥン	20^3トゥン	288万日または7900年
カラブトゥン	20^4トゥン	15万8000年
キンチルトゥン	20^5トゥン	315万年
アラウトゥン	20^6トゥン	6310万年
ハブラトゥン	20^7トゥン	12億6000年

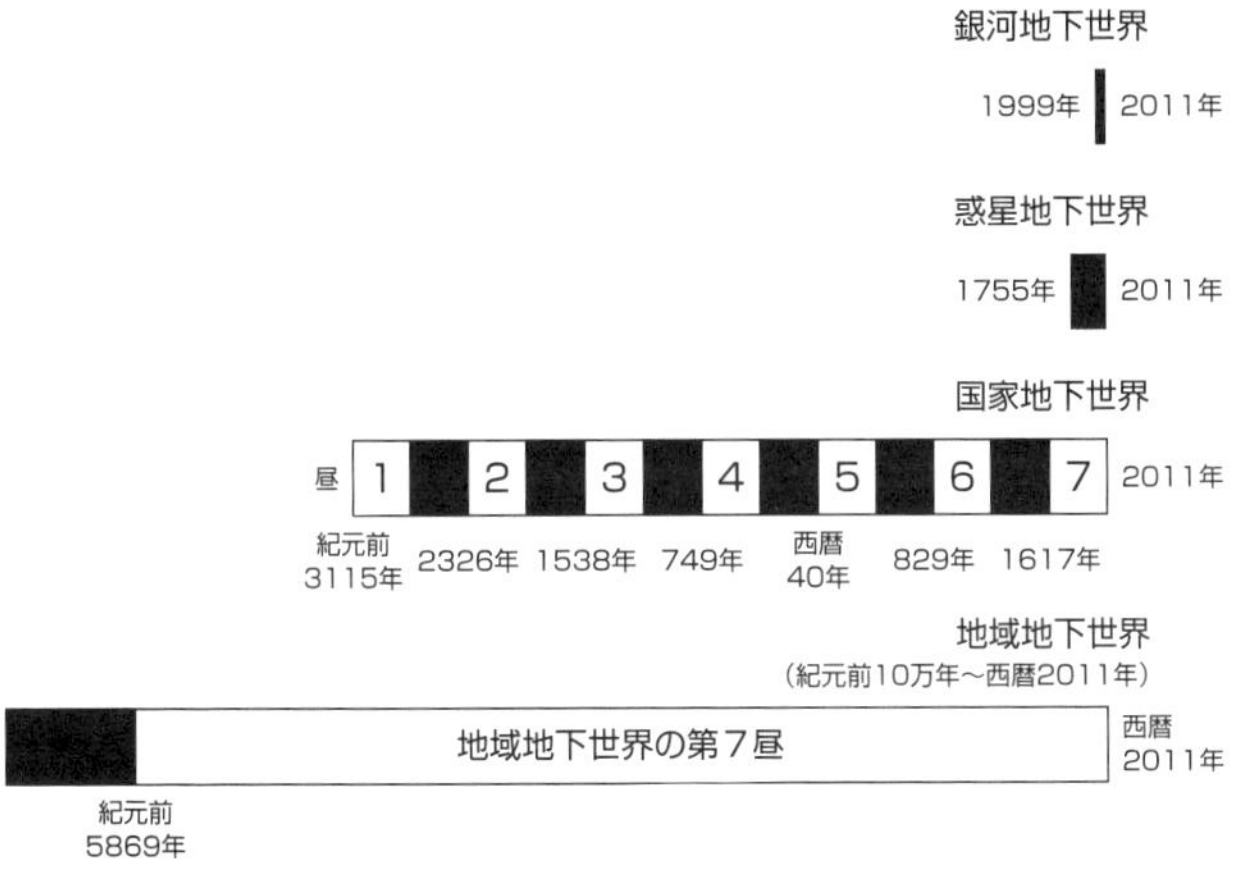

図７　地域、国家、惑星の地下世界の関係を正確な時間尺度で比較したもの。種がまかれてから実を結ぶまでの発展工程が示されている。

において、エネルギーは七昼と六夜ごとに変化する。たとえば、６の空の主（シックス・スカイ・ロード）という名の神によって支配されている第六レベルの地下世界（国家の地下世界）では、１バクトゥン（３９４年）ごとのエネルギー変化によって、国家的な意識の枠組みが発達させられてきた。図７は、地域、国家、惑星の地下世界におけるさまざまなエネルギーの変化を比較し、表したものである。その図を見れば、国家地下世界が、地域地下世界の第七の昼の間に始まったのがわかる。また、惑星地下世界が、国家地下世界の第七の昼の中にすべて収まっていることがわかる。図７は地域、国家、惑星の地下世界の関係を正確な時間尺度で比較したものである。一番長い創造周期である細胞の地下世界をこの尺度にあてはめれば、およそ40キロメートルの長さになる。これは進化が加速していることを示す分かりやすい図である。

本書を書いている時点（２００３年）で、わたしたちは八番目の銀河地下世界の第三の昼に達している。最高の創造レベルに達するまで、１２・８年の銀河地下世界と２６０日の宇宙地下世界を残すのみとなっている。さまざまな意識の枠組み（地域、国家、惑星など）は、階層構造をなしており、お互いに入れ替わることはないし、直線的に連なることもない。地下世界は一つ一つ積み重なっていき、すべての地下世界が創造されるグレゴリー暦の２０１１年10月28日に、九層の宇宙ピラミッドが完成する。これから見ていくように、それぞれの地下世界は特定の陰陽の両極性にも関連している。

このように創造は九つの異なった地下世界を通して宇宙の進化を生み出していく。物質的な方法――銀河系内の物質や生物学的な種のようなもの――で意識の進化を表す下位の地下世界に始まり、上昇するにしたがってより微細でスピリチュアルなものになっていくのだ。宇宙ピラミッドの上昇を現代の視点から見てみると、それぞれの地下世界に特有の意識の枠組みがあることが確認できる。こうした意識の枠組みは細胞から宇宙へと拡大していく行程を辿るので、創造の目的はそれぞれの地下世界で意識の次元を引き揚げてその枠組みを押し広げ、最終的に宇宙的人間の出現を可能にすることであるように思われる。

宇宙地下世界

そしてわたしは巨大な白い玉座に彼が座っているのを見た。

——ヨハネの黙示録　20章11節

審判の日が何であるかを、あなたに理解させるものは何か。
一体審判の日が何であるのかを、あなたに理解させるものは何か。
その日、どの魂も外の魂のために役立つ何の力も持たない。命令は、その日アッラーのもの。

——聖クルアーン　82章「裂ける」17節〜19節
（日本ムスリム協会　三田了一訳）

スピリチュアルな存在は一つの力、すなわち創造者の力の下で、一つの世界と国家を生み出し続けるだろう。

——ホピの予言

２０１１年の宇宙地下世界の到来は、すべての創造物が待ち焦がれていたものである。というのも、宇宙地下世界が到来すれば、万物が統合され、存在、行動、思考のすべての矛盾や衝突が解消され、あらゆるものごとや人間を理解することが可能になるからだ。思考を制限するものもなくなる。調和を生み出すだけではなく、神の恩寵の表現として人類に悟りがもたらされる九番目の地下世界は、神からの贈り物と言えるかもしれない。この地下世界では、宇宙のプランの全容が明らかになり、わたしたちは創造主への感謝の気持ちで一杯になるだろう。同時に、自分自身の神性を認識するだろう。創造主の神性とわたしたち自身のそれとの区別がなくなるからだ。

九つの世界について語っている神話が世界各地に存在するのは驚くべきことではない。古代スカンジナビアの伝統では、宇宙は九つの世界から成っていると信じられていた。ホピ族にも、九つの世界がある。科学と神話の融合が進んでいる現在、中米の九つの地下世界に共通する宇宙観があちこちにあることがわかってきた。マヤ暦の伝統をユニークなものにしているのは、厳密であるということだけなのだ。

矛盾しているようだが、マヤ暦が終わりに近づくにつれ、時間は以前よりも早く動いているように感じられる一方で、まったく動いていないかのようにも感じられるだろう。宇宙地下世界で覚醒された意識は、260日の間に13の天界の波動運動を通してわたしたちに伝えられるだろう（もしかしたら、銀河地下世界の20分の1にあたる234日かもしれないが、はっきりしたことはまだ言えない）。それはこれまで経験したことのない天界のエネルギー変化を表している。だが、「時間」が終わりを迎えることを信じるに足る理由がある。時間は主として左脳によって仲介される経験だからだ。実際に時間の経験は、二元性によって生み出される不均衡によって支配された世界にのみ存在する。仮に二つの半球の間に均衡が生み出されれば、わたしたちは時間ではなく、一瞬一瞬を曇りなく経験するようになるだろう。

もちろんこの矛盾は、下位の地下世界によって生み出される二元性にいまだ支配されている心の持ち主には簡単には解決されないだろう。めまぐるしく変化する世界の中で連続性を保ってきたエゴは、宇宙地下世界の高周波の中では生きていけなくなる。二元的な意識の枠組みの中では生き延びるための重要なツールだったエゴも、一元的な光の場にはなじめず、個人の生存を脅かすものになってしまうのだ。統合と覚醒意識に支配されている地下世界では、二元的な心の枠組みに基づく行動や思考は不可能になる。昼夜が20キンごとに入れ替わる宇宙地下世界の激しい変化の波を乗り切るには、心を解き放つ必要があるのだ。そうでないと、破綻を免れなくなるだろう。宇宙のプランを熟知し、それ相応の準備をしている人の場合でも、5千年の歴史をもつ二元的な心と宇宙地下世界の統一意識との葛藤を解決する方法は一つしかない。

エゴを「排除」もしくは「抹殺」し、覚醒した自己を受け入れるスペースを作ることである。カルキ（＊究極の混乱と苦しみの栄える時代に正義と真理を再興するために白馬に乗って現れる、インド神話に出てくる神の化身）がわたしたちに勧めているのがそれである。そのような外的な助けを求める人もいれば、ただ神の恩寵に身を委ねることによって覚醒された状態を達成する者もいるだろう。わたしたち一人ひとりの熱意と謙虚さがその結果を決めるだろう。

わたしたちが銀河的な意識の枠組みに加え、非二元的な宇宙的意識の枠組みをもつようになれば、過去の出来事を違った観点から眺められるようになるだろう。宇宙地下世界では、過去との連続性を維持したいという欲求がなくなるので、人々は完全に「今」に生きるようになり、真の許しが可能となる。ヨハネの黙示録は21章の4節でそのことに言及している。「そして神が人の目から涙をすべてぬぐいとって下さる。もはや、死もなく、悲しみも、叫びも、痛みもない。先のものが、すでに過ぎ去ったからである」。宇宙地下世界の観点に立つと、先のことはすべて過ぎ去ってしまうのだ。

２０１１年までに、二元的な意識が衰退し、下位の意識レベルに根ざす人類の葛藤がすべて解決されるだろう。覚醒した状態から見れば、古い秩序はもはや現実性をもたない。二元的な意識枠の中で発達してきた先進技術も、支配の道具としてではなく、人類や生きた宇宙に仕えるという立場に落ち着くだろう。その頃までに、古い君主主義的なルールだけではなく、民主主義も過去のものとなるだろう。誰もが神と一体化し、調和して生きるようになれば、支配者を選ぶ必要はなくなるだろう。すべてのヒエラルキーは消滅するだろう。二元性が消滅することで、誰かが誰かの優位に立つということもなくなるだろう。したがって、ぶつかり合う人々の利益を調整するための政府（国家のエゴのようなものだ）も必要がなくなるだろう。すべての人間は現在よりもはるかに深い意味で、等しい価値をもった存在とみなされるだろう――それぞれが独自の神の表現とみなされるのだ。宇宙的な意識レベルに上り詰める過程で、思考を制約するものはすべて消え失せるのだ。

そのような状態に至れば、一瞬一瞬、あるいは1コマごとに「すべてであるもの」との一体性を存分に味わうことができるようになるだろう。意識の1コマごとのそのような経験は、現在の瞬間への完全な没入を可能にし、官能的な喜びをもたらしてくれるだろう。連続性を保ちたいという欲求がなくなるため、わたしたちは完璧な自由を獲得するだろう。そして、わたしたちは神の創造のプロセスの操り人形ではなくなるだろう。人間と神との分離も存在しなくなる。わたしたちは自分自身を神として経験しないとしても、少なくとも、神の顕れとして経験するだろう。それがまさにわたしたちの正体なのだ。

２０１２年に何かが起こると予測して待つのは、お門違いである。２０１１年の10月28日以降、あるいは少なくとも新しい現実がはっきりと現れた後は、覚醒されないことなどありえないからだ。二元的な心では、創造主の一元的な聖なる現実に共振することはできない。だから、宇宙的な時間の流れに身を委ねることによってそれに備えることを今日から始めてもらいたい。思考、行動、存在の仕方において、あらゆる手立てを使い二元的な地下世界の影響力を超越する道を探ってもらいたいのだ。宇宙地下世界は愛と喜びに満ちた覚醒された存在状態を支持するだろう。一旦、そうなれば、再び二元性に逆戻りすることはありえないだろう。

それは生きている宇宙を感じることへの回帰を意味する。この周期がもたらす覚醒は、過去を完璧に癒し、許すことを可能にするだろう。また、下位の地下世界ではときに敵対するものと感じられた神を許すことをも可能にする。13アハウのエネルギーがすべての地下世界に行き渡れば、神との交流を妨げるフィルターはなくなるだろう。１０８のシバの動きを演じ終え、九層の地下世界の頂点に登りつめたわたしたちは、新しいエルサレムに住むようになる。第九層のピラミッドが完成すれば、人類は宇宙のピラミッドの天辺に立つ準備ができるだろう。人間は高次の認識をもって現在に生き、生きていることの純粋な喜びを味わうだろう。人間を操り人形としてきた創造周期が完成し、宇宙人類の時代が始まるのだ。

それから……

人類の歴史が示しているように、新しい意識の枠組みが完全に行き渡るまで、ある程度の時間が必要である。13・13・13・13・13・13・13・13・13・13・13・13・13（13ハブラトゥン、13アラウトゥン、13キンチルトゥン、13カラブトゥン、13ピクトゥン、13バクトゥン、13カトゥン、13トゥン、13ウィナル）すなわち13アハウの日（2011年10月28日）に確立される覚醒した宇宙意識の枠組みにもそれは言えるだろう。たとえ新しいエネルギーの影響を通して、創造の操り人形としての立場は消滅するにしても、それがすぐ定着するとは考えにくい。それゆえ2012年という年は、多くの人が新しい宇宙意識の枠組みに適応する道を探る時期にもなるかもしれない。少なくとも、周囲の人がすべて覚醒し、至福の千年紀、黄金の太陽時代がついに地球上で始まったと完全に信じ切っている状況には適応せざるをえないだろう。これは新しい「周期」が始まることを意味するのではない。周期の終わりなのだ。

宇宙地下世界ではエゴが一掃され、天界は内的葛藤も外的な衝突もない意識をもたらす。けれども、とくに2012年は、まだ十分な準備ができていない人々に覚醒意識が行き渡り、定着するのを待つ年になるだろう。宇宙地下世界の覚醒された意識を確実に定着させるためにも、2012年6月6日の金星の太陽面通過を祝福することがとても重要になる。それはわたしたちを今いるところまで連れてきてくれた神聖な宇宙に対する感謝の気持を表す機会になるだろう。

マヤの原典もキリスト教の原典も、時間の終わりに死から解放されると述べている。東洋の伝統は覚醒した状態を不死として語る。古代の伝統は、すべて同じ方向を指し、永遠に覚醒した宇宙意識の状態に到達すると説いている。では、そのような状態の中で、誰が暦を必要とするだろう？　マヤ暦もそのときには用がなくなるだろう。暦は天辺までわたしたちを連れてくるのに絶対欠かせない階段のようなものだが、天辺に到達してしまえば、用はなくなる。２０１１年、ツォルキンの13アハウのエネルギーがすべての地下世界に行き渡った時点で、神の創造プロセスは完結する。どんな「未来」が待ち構えているかマヤ暦からは予測できない。地下世界の波動運動もすべて終わりを迎えるからだ。覚醒した人間は自らの選択によって、完全に自由に生きるようになるだろう。宇宙の計画から解放され、そのような自由を獲得する人類の未来を予測するのは不可能である。わたしたちは完全に自由に自分自身の運命を導くようになるだろう。人類は真の自由と喜びと平和の内に暮らすようになるだろう。

【5章】新しいビジネスと政治

コリン・マクローリン

略歴：カリフォルニアに拠点を置くビジョナリー・リーダーシップ・センターのディレクター。マサチューセッツ州にあるエコ・ヴィレッジ「シリウス」の共同設立者で、スコットランドのフィンドフォーン・ファウンデーションの特別研究員でもある。共著に『Spiritual Politics : Changing the World from the Inside Out（スピリチュアルな政治：世界を根本から変える）』や『Builders of the Dawn（夜明けを生み出す人々）』などがある。以下のエッセーは、政治やビジネスですでに起こっている転換を明らかにし、今後10年にどんなことが期待できるかを明らかにするものである。

夜明けを生み出す人々

あなたは2012年に訪れると言われる災いを恐れているだろうか？

もし恐れているというなら、世界観を変えるお手伝いをしたい。とくにビジネスや政治の分野で。なぜあなたはよりよい未来世界を思い描き、物事の選択や仕事において、そのヴィジョンを生きようとしないのだろう？　よりよい未来を思い描けば、そうした未来を引き寄せることに役立つはずだ。

人類は今、一つの岐路にさしかかっている。わたしたちは、利己主義がはびこる古い世界の中で、心身の苦痛が個人的にも人類全体としてもこれ以上増すのを見たいだろうか？　それとも新しい世界がもたらす調和や美を味わいたいだろうか？　人類家族の一員として、わたしたちはめいめい大きな魂の選択に直面している。来るべき大変動と変化の時代、わたしたちはいずれの道を選ぶだろう。

一つは古い自己中心的なパターンにしがみついているという選択。

もう一つは新しい価値観や平和で持続可能な生き方に心を開く選択である。

一方の選択は危機と混沌をエスカレートさせる——利己主義や強欲によって生み出される、心身の苦痛を通して学ぶ試練の道だ。もう一つの選択は他人により慈悲深く思いやりをもつことで、新しい文明を作り上げるチャンスとなる。人類全体が覚醒するまでにはまだ遠い道のりがあり、現在の人類のレベルでは、なすべきことを選択して行動しなければならない。

この瞬間にも古い世界の裂け目を通して、新しい世界が出現しつつあることを知っているだろうか？　それは恐怖と怒りと強欲に基づいて動いている古い世界とは対照的に、生き生きと成長し、活力に溢れている。能力と先見の明のある人たちは世界中にいて、その想像力と慈悲によって新しい世界が生み出されつつあり、それは２０１２年までに、もっと目に見えるようになって影響力をもち、人生のあらゆる局面にその力を及ぼすようになるだろう。

このような先見の明のある人々を、わたしは「夜明けを生み出す人々」と呼んでおり、あらゆる国のあらゆる分野に見出される。彼らは、戦争やテロから貧困や環境破壊にいたる、さまざまな問題に対する新しいアイディアや解決策をもたらしている。これらの先駆者たちは、しばしば光や情熱に満たされているかのように内側から輝いて見える。

今日の世界においてビジネスや政治がマイナスの影響力をもっていることは、誰でも容易にわかる——新聞を広げるかイブニング・ニュースを見れば一目瞭然である。だが一方、あなたの周りでは、ビジネスや政治の分野で多くの肯定的変化が確実に起こっている。わたしは何年間もかけて成長するその現象を調査してきた。

わたしはビジネスや政治の分野で出現しつつある変化をつなぐ助けをしたい。そうすれば、ある大きなパターンが出現しつつあることが自ずとわかるだろう。新しい世界は着実に成長している。どこを、どのようにして見ればいいか知っていれば、その証拠を見ることができる。すべて捉え方の問題である。これらの新しいアプローチに関する報告はメインストリームのメディアの中で見出すことができるが、それらを束ねて現在起こっている変化の概略を描いている人はほとんどいない。ビジネスや政治の肯定的なトレンドを検討すれば、未来への期待が膨らむだろう。これらの新しいトレンドは進化の傾向と調和する――より大きな統合、相互のつながり、創造的知性といった方向に向かっているのだ。

２０１２年までに新しい世界が切望されるようになる理由の一つは単純である。成人に達する世代が、波動的に見て、すでに新しい世界と同調しているからだ。彼らはまだそれに気づいていないかもしれないが、すぐに気づくだろう。

変化のパターンの一部は「連続的」である。つまり、わたしたちは特定のトレンドをみて、それらを未来に投げかけることができるということだ。

偶然やカオスに基づいた「不連続の」パターンもある。わたしたちは万物が織り合わされ、相互につながった世界に住んでいるので、パターンや相互のつながりに注意し、思いがけない変化に備えることが重要になる。

社会的な責任を負うビジネス

２０１２年までに、多国籍企業は、ますます巨大な力をもつようになるだろう。大企業の合併が相次ぎ、世界中で新たな市場が開拓されれば、わたしたちの生活のすべてが影響をこうむるだろう。資本主義は製品やサービスの生産と分配においては非常に効率的であるが、どんな手段を使ってでも利益を上げるという唯一の目標をひたすら追い求めてきたために、人間や環境に破壊的な影響をもたらしてきた。破壊的な影響を少なくするためには、ビジネスの目的を捉えなおす必要がある。お金を唯一の評価基準とする考えは、いずれは珍しいものとなるだろう。エンロン（＊アメリカ合衆国テキサス州ヒューストンに本拠地を置く、総合エネルギー取引とＩＴビジネスを行う企業で、２０００年度、全米売上げ第7位という大企業に成長し、２００１年には2万1千名ほどの社員を抱えていたが、巨額の不正経理・不正取引が明るみに出され、２００１年12月に破綻に追い込まれた。アメリカ史上最大の企業破綻として話題になった）以降の世界では、価値と倫理が緊急の関心事となっている。わたしが調査したところでは、今日のもっともホットな標語は「人、惑星地球、利益、三つの基本線を重視しよう」というもので、従業員の福利や環境への配慮がその基本線を支えている。

現在、ビジネスが大きな変貌を遂げようとしているのは、外部にその要因があるだけではない。たとえば、石油資源の枯渇や石油産油国同士の争いは石油価格を全面的に押し上げる外的な要因となっているが、他方でエネルギー消費を抑え、より持続可能なアプローチを採用しようという動きを生み出しているのだ。大国でさえ、環境の悪化がこれ以上進むことに危惧を覚え、広報活動の中で、環境に配慮していることをしきりに宣伝している。市民からの政治圧力はますます強まり、政府による企業活動の行き過ぎの規制は強化されるだろう。

会社は内部からの圧力に応えて、変化しつつある。仕事場で社会的責任やスピリチュアリティを求める動きが活発になり、2012年までにかなり顕著になるだろう。社会的責任は企業が社会へ及ぼす影響に注目し、スピリチュアリティは個人の内的次元に注目する。

わたしはここ何年間か、社会的責任を果たしているビジネスに投資し、職場でスピリチュアリティのトレーニングをし、環境にやさしい製品を買い、会議を主催して、ヴィジョンのあるビジネスのリーダーを招いて話を聞いてきた。他にも国際スピリット・アト・ワーク・オーガニゼーションに参加し、企業の責任を促す世界ビジネス・アカデミーの特別会員にもなった。そのような活動を通して、2012年以降の世界をきわめて楽観視するようになったのだ。

ロハス(lifestyles of health and sustainability〈健康・持続可能ライススタイル〉の略称)に関する報告によれば、現在アメリカには、ホリスティック・ヘルス、環境、社会正義、個人の成長、持続可能な生活に焦点を当てた製品やサービスの2289億ドルもの市場がある。これらの分野に顕著な財政投資がおこなわれているのだ。社会学者のポール・レイ（＊アメリカの社会学者。Integral Partnerships LLCの創立者。1998年、シェリー・アンダーソン氏と共に消費者の志向調査から提唱した「Cultural Creative〈文化創造者〉」が話題となる）は、アメリカ合衆国の成人のおよそ30パーセントにあたる5千万人の人が、現在、これらの製品やサービスの消費者となっていると述べている。これらの人は社会的価値や文化的価値に基づいて良心的な買い物をしたり、投資の決断をしたりするのが普通である。彼らはビジネスの未来を象徴している。全米のみならず世界中で起こっている社会的、環境的、経済的変化の未来を先取りしているのだ。

従業員や株主、コミュニティ、環境に対して社会的責任を負うことで、より良い世界を生み出すことに貢献しているビジネスは、日ごとに増えている。彼らの財政的成功は将来に希望をいだかせる。パトリシア・アバディーンはその著『メガトレンド2010年』（ゴマブックス）の中で、そのような動きを「意識的資本主義」とか「利害関係者資本主義」と呼び、現在、浮上しつつあるメガトレンドの一つだとしている。社会的な責任を果たしている企業は経営が良好な場合が多く、経営の良し悪しが財政的に順調かどうかを予測する決め手になると彼女は述べている。

社会的な責任を果たそうとする動きは、今日の世界の中でもっとも強力なシステムであるビジネスが、内側から変わりうる具体的な証拠である。ワールド・ビジネス・アカデミーの共同創立者、ウィリス・ハーマンは何年も前、次のように述べた。「ローマ帝国の時代、教会が社会的な責任を果たしたように、どんな社会でも、主要な機関は社会全体に対して責任を取る必要がある」。

ビジネス・フォー・ソーシャル・リスポンシビリティ（BSR）は、1990年代に設立されたサンフランシスコに拠点を置く非営利団体だが、フォーチュン500の会社の約半分を含む、400以上の組織を傘下に収めるまでに成長している。BSRは企業の社会的責任（CSR）を、「倫理的価値を尊重し、人間、コミュニティ、自然環境を敬う」ようなやり方で財政的な成功を収める「政策、実践、プログラムの包括的な組み合わせ」と定義している。

社会的責任の分野で、評判の良いブランドをつくり、固定客をつかんだ初期のパイオニアの中には、ザ・ボディショップ、ベン・アンド・ジェリーズ、ストーニーフィールド・ファーム、ザ・ティンバーランド・カンパニー、パタゴニア、トムズ・オブ・マイン、ザ・メンズ・ウェアハウスなどがある。これらの会社はコミュニティのプロジェクトを支援し、従業員の待遇を良くし、環境を保護する革新的な手法をあみだした。

仕事と人生のバランス

企業内において変化を求める声が高まるのは、人生やビジネスに利潤以上のものがあることに人々が気づくときである。仕事中毒の人たちが、「人生を取り戻す」方法を見出し、仕事以外のことに時間を割く努力をするにつれ、「仕事と人生のバランス」が重視されるようになってきた。わたしはニューウェーブのコンサルタントの一員であり、個人や会社がこうしたバランスを達成するのを助けてきた。より幸せで健康な従業員は利益を押し上げてくれるので、わたしはこのテーマでセミナーを開くのが好きである。このムーブメントは変化を生み出す原動力になっており、２０１２年までにもっと顕著になるにちがいない。

企業の中でどんな地位にある人たちも、自分の魂や創造性を育みたいとますます思うようになっている。従業員が創造性を発揮することを奨励されると、労働意欲が湧き、良い結果につながる。幸せな人間はより一生懸命働き、仕事に長くとどまりやすい。高名なウィルソン・ラーニング・カンパニーが行った企業の業績調査によれば、業績がかんばしいかどうかの39パーセントは、従業員の個人的な満足度にかかっているという。

ＵＳＡウィークエンド調査で質問を受けたアメリカ人の大多数は、個人的幸福の二番目に重要な要素としてスピリチュアリティをあげた（一番目は健康）。多くの人がスピリチュアルな価値（必ずしも宗教ではない）を職場に持ち込むべきだと考えているのだ。ビジネスにおいて鍵となるスピリチュアルな性質には、品格、誠実、公平、説明責任、質、協力、直観、信頼、尊敬、奉仕といったものが含まれる。

驚くべきことに、このムーブメントはアメリカの企業を根底から変えつつあり、２０１２年までに、経済や社会構造に波及効果をもたらすだろう。単なる信仰や信念よりもスピリチュアリティを求めるビジネスマンが増えており、スピリチュアルな実践を通して、日々の生活に生かしたいと思っているのだ。つまり、身体と心とスピリット、すべてを使って仕事をしたいと願っているのだ。多くのビジネスマンはスピリチュアルな価値観を体現することで、「三つの基本線」を強化できることを見出しつつある。「良いことをして健康になれる」からだ。

仕事に意義や目的を求める傾向は、世界中で強まっている。人々は仕事を通して自分の個人的使命を果たしたいと考えている。仕事場にスピリチュアルな価値を持ち込むもっとも効果的な方法は、会社のヴィジョンと使命の一端にコミュニティへの貢献を加え、それを公にすることだ。

会社の業績と倫理観の関係

社会的責任と利潤追求は両立しないのだろうか？　職場に倫理や価値観を持ち込むことは、生産性を高め利潤を上げるだけではなく、従業員の在職率を高め、顧客からの信頼を獲得しブランドの評判を高めることに貢献するという研究成果が増えている。経営者のなかには、忠誠心を鼓舞し、士気を高める手段として、スピリチュアリティを奨励する人が増えている。

「企業の社会的業績と財務状況の報告」のなかで、シドニー大学のマーク・オーリツキー、アイオワ大学のフランク・シュミットとサラ・ラインズは過去30年間の研究を検討し、社会的な責任を果たすビジネスの実践と、「ほどほど」から「きわめて良好」までの財務状況との間に顕著な関係があることを明らかにした。

英国の環境エージェンシーとイノヴェスト・ストラテジック・バリュー・アドバイザーズが行った「企業の環境管理」と呼ばれる大掛かりなもう一つの研究では、過去の60の研究を再検討した結果、その85パーセントが、環境の管理と財務業績との間に肯定的な相関関係があることを示していることを突き止めた。これは今後、環境管理に気を配る企業が劇的に増えることを暗示している。

シカゴ大学のカーティス・バースコア教授が行った研究――『Management Accounting（経営管理）』として刊行された――は、倫理的原則を経営理念にすえる会社がそうでない会社より財務状況が良いことを発見した。ナイキの過酷な労働条件と海外労働者への極端な低賃金は、社会的に恥ずべきものであり、数年前、27パーセントもの業績の落ち込みを招いた。ショッキングな倫理の無視とその後のスキャンダルは、エンロン、アーサー・アンダーセン、ワールド・コム、グローバル・クロッシング、その他多くの会社を財政破綻に追い込んだ。

ビジネス・ウィークの報告によると、アメリカ人の95パーセントが、利潤の追求を企業の唯一の目標にする考えを拒否しており、39パーセントのアメリカの投資家が、投資する前に、その会社がどんな商売をし、どんな価値観や倫理観をもっているかを頻繁にチェックするという。トレンド・リポートによると、75パーセントの消費者が、価格や品質が同じなら、大義あるブランドを購入すると回答している。

なぜスピリチュアリティはこんなに人気があるのか？

仕事場でスピリチュアリティが重視される傾向は、2012年までに大きな潮流となるだろう。研究者たちはいくつかその鍵となる要因を挙げている。企業が経営の合理化を図ると、残った労働者たちの負担が増え、多大なストレスを抱えて創造性を発揮できなくなる。皮肉なことに、市場のグローバリゼーションによって労働者の創造性がもっと必要とされるようになるのと並行して、そうした事態が起こっているのだ。組織が21世紀に生き残っていくには、労働者にもっと大きな意義と目的感覚を与えなければならない。

今日のきわめて競争がきびしい環境のなかで、もっとも才能に溢れた人々は、自分の内的価値を大切にしてくれる組織や、単に給料がいいだけではなく、個人の成長やコミュニティに奉仕する機会を与えてくれる組織を探す。今日の情報とサービスが重視される経済は、20年前の市場経済とは異なり、瞬時の決断や、顧客や従業員とのよりよい関係を築くことを必要とする。

今日、多くの人は、仕事により多くの時間を費やしているので、仕事が終わった後に宗教的活動をする時間をあまりもてない。最近のニューヨーク・タイムズの報告では、従業員が職場で宗教的活動をする時間をもつことを許す会社が増えている。これは、時間に追われ、信仰心をなくしてしまったのではないかと怖れる労働者たちの慰めになる。多くの人たちは自分の信仰を公にすることで心が安らぐのだ。

職場でスピリチュアリティがもてはやされるもう一つの要因は、職場に女性が増えていることが挙げられる。女性たちは男性よりもスピリチュアルな価値を重んじる傾向があるのだ。ベビーブーマー世代の高齢化というものも貢献している。彼らは自分の死ぬべき運命を恐れはじめており、物質主義では満たされなくなっているのだ。

仕事場での瞑想と祈り

メドトロニック、アップル・コンピュータ、グーグル、ヤフー、マッキンゼー&カンパニー、ヒューズ・エアクラフト、ＩＢＭ、シスコ・システムズ、レイセオン・カンパニーといった多くの大企業では、現在、瞑想クラス（普通は宗教的内容を伴わない）が開かれている。アップル・コンピュータのカリフォルニア支社は瞑想用の部屋をもっており、従業員は実際に毎日、労働時間のうちの30分をあてがわれ、瞑想したり、祈ったり、ただ黙って坐ったりしている。

そうしたことが従業員の生産性や創造性を高めることに会社は気づいているのだ。

センター・フォー・ヴィジョナリー・リーダーシップのワシントン支社では、毎日正午に仕事を中断して瞑想を行う。たまたま会社を訪れている人たちも全員招待されるが、驚くべきことに誰もそれを拒まない。２０１２年までには、ストレスに満ちた生活の解毒剤として、瞑想をする人たちがもっと増えるだろう。

医療器具を販売しているメドトロニックは、20年前、本社に瞑想センターを作り、こうした流れに先鞭をつけた。今日、それはすべての従業員に開かれている。メドトロニックの創立者、ビル・ジョージは、ビジネスの目的を「開かれた持続可能な社会に貢献すること」だと述べている。従業員の士気が高く満足していると、顧客の満足も高まるという「好循環」が、良い財務状況を生み、株主の利益にもなると彼は述べている。

決断するためや、大変な時期の困難な状況に備えるため、あるいは、幸運に感謝するため、祈りを用いている人は多い。アメリカ株式取引所はユダヤ教の聖典のスタディー・グループをもっているし、ボーイング社はキリスト教、ユダヤ教、イスラム教の祈りグループをもち、マイクロソフト社はオンラインの祈りサービスを行っているとＡＢＣのワールド・ニュース・トゥナイトは報じた。

多くの企業が従業員を支えるために牧師を雇っている。牧師は良い聞き手であり、危機のときに機敏な対応ができるし、どんな信仰（無信仰も）をもっている人にも仕えられるからだ。たとえば、タイソン・フードは76の現場で、125名のパートタイムの牧師を雇っている。コカコーラ社は58の現場で25名の牧師を雇い、従業員の世話にあたらせている。タコ・ベルやピザ・ハットといったファースト・フードの会社は、さまざまな宗教の牧師を雇い、問題を抱えた従業員の世話にあたらせている。そして、離職率が半分に減ったのは牧師たちのお陰だと考えている。

持続可能なビジネス

ニューズウィークス誌やタイム誌の最近の表紙が証明しているように、環境的に「グリーンな」イメージが人気を博し、流行になりつつある。科学者と政策決定者の双方が、地球温暖化が進んでいるという共通の認識をもつようになったため、環境を保護し、二酸化炭素の排出量を減らす持続可能なビジネスの実践が2012年までに広がるだろう。それが会社の健全化にもつながるという認識が出てくればなおさらだろう。

バンダービルト大学の分析によれば、汚染物質の排出量が少ない企業は、それが多い企業より健全な経営をしている。近年、300社以上の多国籍企業が国際グローバル協定に加盟し、環境保護、人権、高い労働水準を遵守することを約束した。毎年、こうした分野で顕著な進展を報告しない会社は協定から除名される。

1989年に設立された、投資ファンド、環境組織、公益集団の連合であるセレスは、ビジネスの環境管理と情報開示を推進する先端的な役割を果たしてきた。セレス・グローバル・リポーティング・イニシャティブは、現在、企業が経済的、社会的、環境的業績を報告する際の事実上の国際標準となっている。

長年かけて基盤を築いてきた小さな革新的会社に先導されて、多くの多国籍企業が大きな変貌を遂げげつつある。現在、サンフランシスコ・ベイ・エリアの2千以上の会社が、カリフォルニア州アラメダ郡政府と持続可能ビジネス同盟によって「グリーン・ビジネス」として認定されている。カリフォルニア州は最近、温室効果ガスの排出量を制限し、持続可能なビジネスを推進させる最初の州になった。

巨大企業のウォルマートは近年、化学肥料や抗生物質などを廃し、有機栽培の食品を採用する大転換を遂げた。ロッキー・マウンテン・インスティチュートの共同創立者で、世界的に著名なエネルギー学者であるエイモリー・ロビンスは、ウォルマートと協力して温室効果ガスの削減につとめている。ウォルマートはまた、完全に再生可能なエネルギーを使って店を稼動させ、廃棄物をまったく出さないと誓った。さらに、この10年間で、巨大なトラック軍団の燃料効率を2倍にすることに取り組んでいる——それによって毎年、燃料費を3億ドル浮かせる予定だ。

従業員の福祉やコミュニティに関心を寄せるウォルマートの実績は、不名誉にもかんばしくなく、社会的責任を果たすにいたっていないが、環境保護が会社の利潤につながるという彼らの計算は、他の会社を同様な方向に向かわせる動機付けになるだろう。世界的な供給プロセスに対するウォルマートの潜在的影響力は、合衆国政府のそれよりはるかに大きいと言えるだろう。

ウォルマートが本気になって持続可能社会の方へ舵取りをしていることを証明する兆候が三つある。⑴公に告知された具体的な目標とスケジュール。⑵全社をあげて取り組む姿勢。⑶透明な報告。先端を走っている他の会社同様、ウォルマートは今後注目されるだろう。

世界最大のカーペット製造会社、インターフェイス・カーペットは廃棄物を0パーセントにするという目標の下に、8千人の従業員に持続可能な環境を維持するための講習を行った。現在、インターフェイスのカーペットを使いたかったら、買う代わりにレンタルし、擦り切れたら返してリサイクルに回し、新たにリサイクルされたカーペットをもらうという仕組みになっている。会社は廃棄物を減らす努力をするだけで、1億8500万ドルもの節約をした。

わたしが10年以上も毎週買い物をしているホール・フーズは世界トップレベルの自然・有機食品のスーパーマーケットである。最近、ホール・フーズは180ある全店舗の電気使用量を

100パーセントまかなう最大規模の再生エネルギーを購入した。そんなことをするのはフォーチュン500の会社だけである。ホール・フーズはウィンドファームから45万8千メガワットアワー以上のグリーン証書（REC）（＊再生可能エネルギー発電事業者は、テキサス公益事業委員会に対し、設備の登録を申請。その登録された設備から発電された電力量に応じてテキサスエネルギー安定供給協議会がRECを発行する）を買っている。これは環境への影響を考えると、6万台の車を道路から締め出し、9万エーカーの木を植林することに匹敵する。ホール・フーズは9年連続でフォーチュン誌に働き甲斐のあるベスト100の会社の一つに選ばれた。

10年前、わたしはスウェーデンのナチュラル・ステップ（＊1989年に発足した政治的、宗教的に中立の環境教育団体。現在、世界的な広がりを見せている）の創立者、カール・ヘンリク・ロベール博士にインタビューする名誉にあずかった。ロベール博士は、企業その他の組織が政策決定や日々の業務に環境への配慮を組み込むための、自然科学に基づく枠組みを開発した。ナチュラル・ステップは、スウェーデンで、環境保全を急務とするコンセンサスを、科学者と企業に取りつけることに貢献した。そのため、企業は環境を維持することが競争力をつける上で有利だということを認め、実際に環境税を徴収するようロビー活動をした――つまり、怠慢な会社に税金を課すということだ。作家のポール・ホーケンは10年以上前、ナチュラル・ステップをアメリカ合衆国に持ち込み、たくさんの大企業と協力し合っている。

スウェーデンに拠点を置くエレクトロラックスは、ナチュラル・ステップの枠組みを採用し、冷蔵庫からフロンガスを段階的に排除した。また、エレクトロラックスは洗濯機の水の使用量を45ガロンから12ガロンに減らし、チェインソーで使う燃料を石油から菜種油に切り替えた。

社会的投資

自らの社会的、環境的、倫理的価値観に一致する企業に投資したいと考える人は、ますます増えている。この傾向は２０１２年までになおさら強まるだろう。先駆的なカルバート・ソーシャル・インベストメント・ファンドは、今日の社会問題が明日の経済問題になると言及している。つまり、社会的責任を果たす企業が、良いイメージを与えるということだ。

１９９４年、社会的責任投資（＊ＳＲＩ：従来の財務分析による投資基準に加え、社会・倫理・環境といった点などにおいて社会的責任を果たしているかどうかを投資基準にし、投資行動をとることを言う）はすでに４００億ドルの市場になっていたが、２００５年までに、２兆２千９００億ドルの産業に成長した。これには、適正審査、株主の保護、コミュニティへの投資といった三つの社会的投資の戦略が含まれている。過去10年、ＳＲＩは全体の投資より40パーセント早く成長した。したがって、２０１２年までに、巨大な市場になるだろう。

ＳＲＩには三つの大きな戦略がある。第一は適正な審査だ。社会的責任相互ファンドは株式を一連の「審査」にかける。あるいは、次のような査定をする。その企業は環境を汚染していないか？　労働条件の公正さは保たれているか？　女性やマイノリティを積極的に採用しているか？　広告には品位があるか？　多くの社会的責任投資のファンドは、銃器、原子力エネルギー、タバコ、アルコールなどを生産している会社を避ける。

わたしの夫のゴードン・デビッドソンは、社会投資フォーラムの初代ディレクターだった。彼はウォールストリート・ジャーナルのような主要メディアの質問によく当意即妙に答えていたものだった。メディア側の人たちはＳＲＩファンドの優れた業務実績を見るまで、疑いをもっていたのだ。

株主の保護は、もう一つの強力なＳＲＩの戦略である。株主たちは株主総会や資本の引き上げを通してマクドナルドやＪＣペニーといった大企業に圧力をかけてきた。株主アクション・ネットワークは、Ｕ・Ｓ・セキュリティーズ・アンド・エクスチェンジ・ミッションに働きかけて、投資家が相互ファンドから議決情報を開示させるのを助けた。そして、責任ある議決の記録をもった相互ファンドとそうでないファンドを確認するウェブ・サイトを立ち上げた。膨れ上がるこの株主の動きは、２０１２年までに顕著なものとなるだろう。

コミュニティへの投資は、ファンドから財政的支援を得られないかもしれない地域のプロジェクトに投資することを奨励する第三の戦略である。シカゴのサウス・ショア銀行は、廃棄されてボロボロになったビルを買い取って修復し、仕事を作り出して近隣を安全な場所にし、ドラッグのディーラーを締め出した。オランダのトリオドス銀行のようなグリーン銀行は、有機農場や持続可能なエネルギー産業に投資し、世界規模で小額の貸付を行っている。バングラディッシュのグラミン銀行、南米のＦＩＮＣＡ（＊The Foundation for International Community Assistance〈国際コミュニティ援助財団〉。「貧者のための銀行」と呼ばれることもある）、ウィメンズ・ワールド・ランキングなどは、極貧の人たちに小額の貸付を行い、驚くべきことに返済率99パーセントを達成している代表的な例である。

敵対しない政治

内部と外部、両面から変貌を遂げているのは、ビジネスの分野だけではない。政治もいちじるしい変貌を遂げつつあり、２０１２年までに甚大な影響力をもつようになるだろう。「スピリチュアルなビジネス」と同じように、新しい「スピリチュアルな政治」が台頭しつつある――右派だけではなく左派にも（『God's Politics（神の政治）』、『The Left Hand of God（神の左手）』、私の共著『Spiritual Politics（スピリチュアルな政治）』といった本の中で紹介されている）。ティックン・ネットワーク・オブ・スピリチュアル・プログレッシブ、ソジャナーズ、ザ・センター・フォー・ヴィジョナリー・リーダーシップによって組織された大規模な会議は数千人の人々を引きつけ、メディアの注目を浴びた。講演者たちは、中絶や幹細胞研究といった保守的な問題ではなく、貧困、環境、社会正義などをスピリチュアルな問題として取り上げた。

この10年、原理主義的な右派による盛んな活動に対抗して、進歩的左翼のスピリチュアルな活動がどんどん活発になっている。民主党員たちは自分の信仰やスピリチュアルな人生を論じ、2006年の選挙で票を集めた。ゾグビー・インターナショナルによる出口調査によれば、「アメリカ文化においてもっとも急を要する倫理的問題」の上位を占めたのは、保守主義者たちが好んで取り上げる中絶や同性間の結婚という問題ではなく、貧困や経済的な公平性だった。こうしたスピリチュアルな次元への注目は、これからの数年の間に政治の局面を変えていくだろう。そして人々は政治の領域に自分たちのスピリチュアルな価値をますます持ち込むようになり、お互いの違いに直面するだろう

もう一つの顕著な傾向は、人間の歴史において最大の運動である「独立セクター」や「市民団体」の力が劇的に増していることだろう。それなのにほとんど認められておらず、メディアにも注目されていないのだ。それらの運動は、中心も、成文化した信条も、カリスマ的な指導者ももたない。そのパワーは権力ではなくアイディアに基づいている。2012年までに、そのような団体は世界の新しい巨大勢力とみなされるようになるだろう。政府は貧困、暴力、テロリズム、環境汚染といった主要な問題を効果的に解決できない。そのため、非営利団体や市

民運動団体が世界中で難題に立ち向かっているのだ。
ヴィジョナリー活動家で起業家でもあるポール・ホーケンは、その著『Blessed Unrest（神に祝福された不安）』のなかで、こうしたグループは驚くべきことに世界中に100万以上あることを明らかにした。Bioneers（＊Bio-logical〈生態学的に合理的であること〉とPioneer〈先駆者〉を組み合わせた造語）会議での最近の講演のなかで、彼はこの運動を、「イデオロギーによる政治の腐敗、経済の破綻、生態系の崩壊に対抗し、癒そうとする人類の免疫反応」と呼び、「中心がなく、どこにでもある。代弁者もいない。地球上のあらゆる国のあらゆる都市にあり、あらゆる種族、あらゆる人種、あらゆる文化、あらゆる民族グループの中に存在する」と述べている。

政治を変えつつあるもう一つの領域は、インターネット「webocracy（＊webとdemocracy〈民主主義〉を組み合わせた造語）」で、その新しく強力な技術は、より直接的な民主主義を可能にし、ほんの数年という短い期間に、政治的風景を劇的に変えてきた。何百万人ものファンを集めるコミュニティ・サイトが突然、大きな政治的影響力をもつようになったのだ。これは2012年以降、未知の波及効果をもつようになるだろう。

ムーブ・オン・オルグのような、インターネットを通じて政治活動を行う組織も、強い影響力をもちはじめている。Digg.comなどのWeb2.0のメディア・サイトやDaily Kos.comのような政治的ブログは、メインストリームのメディアを出し抜き、非常に人気を集めているので、表舞台の政治家たちも彼らの機嫌をとらざるをえない。

選挙のとき、MySpace.comのような有名な若者向けのサイトで投票を呼びかけたところ、新たに数千人の投票人が集まった。Mobilevoter.orgは携帯電話から投票できるようなシステム作りを手伝っている。

YouTubeのような動画共有サイトは、政治的なビデオ・クリップを何百万人ものユーザーと分かち合うのを可能にする。

Amazon.comのようなオンラインの書店は政治的な本を作り、すべての人が簡単に手に入れられるようにしている。

Google.comをはじめとする検索エンジンは、誰でもWeb上の情報に素早くアクセスできるようにし、政治に透明性をもたらしている。

未来のアメリカの政治に影響を与えうるもう一つの重要な問題は、票を読む機械の精度に関する疑問である。その正確性や不正操作の可能性を疑う証拠が最近出てきているのだ。公平性を脅かすこうした問題がすぐに解決されなければ、民主主義の根幹を揺るがし、２０１２年までに大きな社会不安を引き起こすだろう。

紛争を変えるテクニック

政治の決定プロセス自体が変貌を遂げつつあり、利害関係にある投資家たちの対話をスムーズにする新しい調停テクニックが効果を発揮している。こうした新しいアプローチが世界各地で台頭してきている背景として、アメリカの政治でいわゆる「赤と青の分裂（赤い州は共和党支持、青い州は民主党支持）」という二極化が進んでいる事情が挙げられる。両陣営の参加者は自分の中に深く埋め込まれた価値観を手放す必要はない。一緒に行動できる共通の利害を見出せばいいのだ。

共通の基盤を探し求める敵対しないアプローチは、2012年までにさらに広がりを見せ、大きな影響力をもつようになるだろう。こうした新しい調停方法はグローバルな市民団体や新しい「社会的起業家」の間でもてはやされているが、州や市町村レベルの政治、さらには国家レベルでも使われはじめている。

この手の紛争解決テクニックは、民族紛争の最中でさえ、すべての立場の人たちの声にじっくり耳を傾けさせることで、暴力の発生率を引き下げる。これらのテクニックを使えば、人々は同じ人間であることを認識できる。世界に平和が続くには、結束しあうことが必要であり、富を分かち合えるようになるには平和が必要なのだ。

何年か前、わたしはクリントン大統領の持続可能発展会議のために、持続可能なコミュニティに関する国の作業部会を段取りした。これは、それまでは、敵対関係にあった企業と環境問題のリーダーたちを集結させ、共通の基盤を見出させるとともに、環境保護と経済的発展に関する合意を取り付けることに成功した。おそらくこれはわたしがこれまでにした中でもっとも興味深い仕事の一つだっただろう。その影響は2012年以降も続くだろう。

南アフリカ政府の非暴力への転換やアパルトヘイトからの撤退はトゥルース・リコンシリエーション・コミッションの画期的な仕事によって推進されたが、草の根レベルで紛争解決の訓練を受けた1万人以上の人々の仕事も忘れてはならない。もし戦争で引き裂かれたすべての国に1万人の訓練されたファシリテーター（＊紛争解決の訓練を受け、先導的な役割を果たす人々）がいたらどうなるか想像してもらいたい。

環境や中絶といった問題にまつわる政治紛争を解決する上で、いちじるしい効果を発揮するのは、利害関係者を集めて全員の益になる解決策を対話によって見出させるwin-win-winのアプローチである。なぜ三つのwinかというと、紛争している両陣営に加え、より大きなコミュニティもその結果から利益を得ることができるからだ。

どんな政治紛争でも、それぞれの陣営に一抹の真実があるのが普通である。癒し、和解、許しといったものは、今日必要とされているスピリチュアルな性質だ。グローバリゼーションのインパクトは、経済的、環境的、民族的問題を生み出しているが、これらの問題は複雑に相互にからみあっており、敵対関係の下では解決されえない。アインシュタインが述べているように、問題を生み出しているのと同じレベルの意識では、問題を解決することはできないのだ。

20年以上前、友人のジョン・マークスは、紛争解決に貢献する最大の組織、サーチ・フォー・カモン・グラウンド（SFCG）をワシントンDCに設立した。「違いを理解し、共通の基盤で行動する」というのがその組織のモットーである。SFCGは、敵対的な心構えでは見出せない可能性を探り出す手段を提供する。協調できる解決策を見出すために、多様性や相互依存性の力を活用するのだ。このような活動をする組織は、他にも多くある。

紛争に関わるすべての陣営の人々が同じテーブルに招かれ、敵対的な姿勢から協調的な問題解決の姿勢に転換する方法をアドバイスされる。基本は、コミュニケーションを通して、お互いに正確な情報を得させることだ。それぞれが抱えている問題や感情を分かち合うことで、お互いに相手の苦しみを理解するのを助けるのだ。

共通の基盤を見出すことは、最低の合意点でがまんすることや、中間をとって妥協することではない。参加者たちは新しい「最高の合意点」を生み出す努力をする。たとえば、戦争で引き裂かれた国における子どもの健康問題を取り上げ、ともに協力し合える目標を定めるのだ。問題を真剣に考えている人たちが寄り集まって、さまざまな立場から知恵を持ち寄れば、新しい選択肢が生み出される可能性がある——それはいずれの陣営も独自には考えられなかった選択肢である。

特に重要なのは、紛争に巻き込まれている人々が、立場と関心を区別するのを助けることである。ある問題に対する立場の根底には、安全性、自尊心、家族の安全といった、より広い関心事が存在するのが普通である。「理由」を徹底的に尋ねたり、話を親身になって聞いたりすることによって、その人が何に関心をもっているかがわかる。関心は普通、基本的欲求に関わっているが、立場はそれらの欲求をどう満たすかについての見解である。立場はお互いに相容れないよう見えるかもしれないが、関心は重なる傾向がある。そのことが、紛争解決の糸口となる。ＳＦＣＧはこれを「十字縫い」と呼ぶ。全体を織り直す方法という意味だ。

問題と紛争に巻き込まれている人たちを区別することも重要である。お互いを問題とみなすのではなく、人々が共通の関心事に焦点を当てるのを助けることが鍵である。お互いがテーブルを挟んで向き合うのではなく、同じ側に座るよう勧められ、向かい側に解決しようとしている問題が置かれるのだ。ＳＦＣＧには現在、３００名以上のスタッフがおり、17カ国以上の国のパートナーと働いている。彼らは10年間、イラン人とアメリカ人の非公式だが有意義な会合を後援し、戦争を回避させてきた。ＳＦＣＧのような組織は陰の英雄であり、そうした組織がなければ、２０１２年以降の世界は悪化の一途を辿るだろう。

ＳＦＣＧのような組織は、スポーツや音楽のイベントに対立する人々を参加させたり、紛争解決法を教えるテレビやラジオのドラマを見せるといった創造的アプローチだけではなく、瞑想、ファシリテーション、コミュニティ作りなどのツールを用いる。彼らはイスラエルとパレスティナの紛争を解決し、西洋とイスラム社会の溝を埋めるのを助けるために、紛争解決という視点からの記事を呼び物にするカモン・グラウンド・ニュース・サービスを作った。彼らの２千３００以上の記事は、西洋の新聞や雑誌だけではなく、アラブ社会でも印刷されてきた。最近、アメリカでは、彼らが極右や極左の人々を集め、国の健康管理の問題に関する共通の基盤を探すのを手伝ってきた。

ＳＦＣＧによって召集されたザ・ネットワーク・フォー・ライフ・アンド・チョイスとボストンのパブリック・カンバーセーションズ・プロジェクトは、中絶論議で敵対する人たちが、胎児がいつ生命になるのか議論するのではなく、受胎に遡ることで共通の基盤を見出すのを助けてきた。彼らは、望まない妊娠を避け、養子縁組をもっと簡単にできるようにしたいということに共通の関心があることを発見した。

パブリック・カンバーセーションズ・プロジェクトはまた、アラブとイスラエル、環境運動家と開発者、共和党と民主党との対話を呼びかけ、成功を収めてきた。もしわたしたちが思っている以上に結びついており、怖れているほど分断されていないとしたらどうだろう、と彼らは問いかける。彼らは最近、『溝を埋める対話を育む』というガイドブックを刊行した。

1992年、アンバサダー・ジョン・マクドナルドとルイーズ・ダイアモンド博士によってワシントンD・Cで始められたザ・インスティチュート・マルチ・トラック・ディプロマシーは、紛争を変容させるテクニックのトレーニングを提供し、世界中の民族紛争の解決に手を貸している。そのインスティチュート（非政府組織）の手法は、すべての利害関係者——政府の高官、ビジネスマン、メディア関係者、宗教グループ、非営利の活動家など——を集めて、人々があらゆる立場の人の声に耳を傾けるのを助けることだ。人々が個人的な経緯や対立する側にいる人の苦悩に耳を傾けると、慢性化した紛争が思わぬ解決を見せることがしばしばあるのだ。

わたしは7年以上、インスティチュートの委員をつとめ、キプロス、ジョージア、カシミール、スーダン各地でスタッフがおこなっている驚くべき仕事にずっと元気づけられてきた。過去10年以上にわたって、数千人のギリシャ系、トルコ系キプロス島人をトレーニングする仕事を通して、分断されていた国の両陣営の門が最終的に開けはなたれたのだ。

超党派の政治

2006年、有名なプリンストン・サーベー・リサーチ・アソシエーツが行った調査によると、国が「民主党と共和党に二極化しすぎるあまり、政府は国家的問題の解決を進められずにいる」ということに、なんとアメリカ人の85パーセントが同意している。63パーセントもの人が、共和党と民主党が共通の課題に協力して取り組む、超党派主義を求めた。

リベラル派と保守派を分かつ思想的な分岐点は、社会問題のとらえ方にある。社会問題は個人の選択と価値観によって生じると保守派は主張する。そのため、たとえば、政府による貧困層への経済支援が有益なことだとはみなさない。

一方、リベラル派は、たとえ良い価値観をもっていても、それに見合う経済的なチャンスが全員に等しく与えられなければ助けにならないと主張する。リベラル派は、モラルを強要するといって保守派を批判し、保守派は、モラルの相対主義に陥って悪の蔓延を許すといってリベラル派を批判する。ワシントンにおける現在の政策の行き詰まりは、経済と価値観を切り離し、保守派もリベラル派も相手の見方になんの知恵も認めないことに起因している。

力を獲得しつつある新しい政治的アプローチの一つは、左派と右派の統合である。統合は、妥協とはまったく異なる。妥協は普通、対立する二つの案の折衷案を探るが、見解の相違に有効に対処しうる方法とは言いがたい。両者がもっているより深い知恵が見失われてしまうからだ。統合の場合には、リベラル派と保守派の観点の最良の部分が強調され、より革新的な政策が生み出される。

ポール・レイ、ケン・ウィルバー、ドレクセル・シュプレッヒャー、ローレンス・チカリングといった理論家たちが、左派と右派を超える新しい政治の鍵となる要素をいくつか描き出してきた。今日、そうした線に沿って活動する政治グループがいくつか現れてきている。2012年までには、そういった努力が選挙に大きな変化をもたらすかもしれない。

両党派の議会対話を導いたマーク・ガーゾンとビル・ユーリー（＊ハーバード大学教授。『ハーバード流交渉術』〈三笠書房〉の著者）が率いるリユナイティング・アメリカは、いわゆる「超党派の政治的和解キャンペーン」を目指している。彼らの最初のデモクラシー・イン・アメリカの集会は、リベラル派と保守派、両方のグループの主要な指導者を含んでいた。

リユナイティングは新しい政治の革新的プロセスを重視するが、政治的問題に関し明確な超党派的基盤をまだ築き上げてはいない。だが、マーク・サテンのラディカル・ミドルやテッド・ハルステッドのニュー・アメリカ・ファウンデーションは左派と右派の最良の部分を統合する革新的な政策解決法を開発し、公開してきた。急進的中道派のオンライン・ニュースレターのキャッチフレーズは、「思慮深い理想主義。情報に裏打ちされた希望」である。カルチュラル・クリエイティブスやザ・ニュー・ポリティカル・コンパスに関する社会学者、ポール・レイ博士の研究は、左右を超えたこうした新しい政治の大きな市場があることを示している。これは2012年までにもっと発展するだろう。

未来の選択

ビジネスや政治の世界で勢いを増しつつあるこうした傾向のすべては、肯定的な未来を暗示する有望な兆しである。わたしの信じるところでは、そうした兆候は2012年までにもっとはっきりするだろう。それらはアメリカ合衆国と世界全体における、未来の経済やスピリチュアルな健康のためだけではなく、民主主義の未来のために、真の希望を与えてくれる。わたしたちは新しいアイディアに心を開いて、この新しい世界の価値——慈悲、つながり、多様性の尊重など——を受け入れるか、恐れと強欲と怒りに囚われたままでいるかを、自分自身の生活の中で選択しているのだ。

選択のいかんはわたしたち一人ひとりにかかっている。わたしは新しい世界を選んでいる。わたしたちの人生がそれにかかっていると信じるからだ。あなたはどうだろう？

【6章】

半透明の革命

アルジュナ・アルダフ

略歴：1957年ロンドンに生まれる。ケンブリッジ大学で英文学の修士を取得した後、アジアやアメリカを回り、霊的指導者について学ぶ。1987年シアトルにアルケミー・インスティチュートを設立し、カウンセラー育成トレーニングを始める。その後、インドのワンネス・ユニバーシティで21日間の覚醒コースに参加し、覚醒体験を得る。現代における個人の覚醒について大掛かりな研究を行い、「分離感という幻影」からどうやって解放されたかについて何百人もの人々にインタビューを行った。以下のエッセーはアルダフのこれまでの研究の調査報告である。著書に、『The Translucent Revolution（半透明の革命）』『Awakening into Oneness（ワンネスに目覚める）』『Leap Before You Look（見る前に跳べ）』などがある。

少しばかり狂ってしまった世界

最近のことであるが、郵便受けの中に一冊のパンフレットが入っていた。表紙には、「少しばかり狂ってしまった世界……」と書かれており、新しいオルタナティブな雑誌の購読を勧めていた。それはきわめて賢いマーケティング戦略だった。ほとんどの人々はその表紙を見た途端に「自分に話しかけている」と感じたはずだ。人は政党や環境や経済についてさまざまな好みを持っているが、「私たちが住んでいるこの世界は少し狂っている」と言われたら、今日、ほとんどの人々は同意するであろう。一部の人は、この狂ってしまった世界の真の問題は罪深いテロリストの謀略にあり、「敵の戦闘員」を最後の一人まで殺さないかぎり安眠できない、と考えるかもしれない。あるいは政治的腐敗や盲目的な帝国主義が問題の根本であり、政治の変革が必要だと考える人もいるかもしれない。さもなければ、道徳的価値観の崩壊が原因であり、メディアが言うように家族的なつながりを取り戻すことが解決策だと信じている人もいるかもしれない。また、切迫する環境破壊を警告として受け止めている方もいるだろう。人類は地球から黒くてネバネバするもの（石油）を汲み出すことに忙しい。世界経済は石油に依存しているが、遅かれ早かれ、石油は枯渇せざるをえない。その後、どうなるのだろう？ こんなシナリオを描く人もいる――石油が枯渇するしないにかかわらず、このまま石油を燃やし続ければ、地球温暖化が急速に進み、人類は絶滅してしまうと。以上が「少し狂ってしまった世界」のいくつかの見方である。

これでも十分でないというなら、あるレポートを見てみよう。それによれば、現在世界中のお金の50パーセントは人口の2パーセントが所有し、お金の40パーセントを人口の1パーセントが所有しているという。この状況を感謝祭のディナーに例えてみよう。あなたの家族がみんな集まっている。両親、子どもたち、叔父、叔母、いとこ、親戚、親しい友人たち。皿には七面鳥の丸焼きやポテトや詰め物が豪華に盛り付けられており、その横には切り分けられた野菜がきれいに飾られ、濃厚なグレイビー・ソースが添えられている。それぞれ異なったクリスタルのグラスには、さまざまな種類のヨーロッパのワインが注がれている。日本から輸入したエキゾチックな海草サラダまである。テーブルの近くにはいろいろなデザートが並べられている。すべてはあなたがたのために用意されたものだ。だが、あなたがたの近くに腰掛けている人々はそんな豪華な食事を目の前にしてはいない。3ドル99セントでスーパー・マーケットから買ってきて、電子レンジで温めた七面鳥にコーラだけ。残りの人々はもっとみすぼらしい食べ物しかもっていない。なかには、パンないし粥と汚染された水だけという人たちもいるし、全く何も手にできない者もいる。

このような状況で、あなたは食事を楽しむことができるだろうか？　きっとできないだろう。

食べ物を分け与えなければならないと思うはずである。一人がすべてを所有し、他の人々が何も持っていないという状況の下で家族そろって感謝祭のディナーをするというのは、正気の沙汰ではない。それにもかかわらず、それは地球家族として容認される生き方となっている。

物事を表面的に見れば、人類が抱えているあらゆる問題に、関連はないように思えるだろう。もし、私たちが人類の一員として生き延びたければ、テロリズムに対処し、まともな指導者を選び出す方法を見つけ、地球温暖化を止め、代替エネルギーを開発し、大気汚染を浄化し、消費主義の迷信を振り払わなければならない。直面している問題はどれも独自の解決策を必要としているが、それらに唯一共通しているのは、何をすべきかの手がかりがまったく見つかっていないということである。

何年も前のことだが、アルバート・アインシュタインは、「どんな問題も、それが生じた時と同じ意識レベルでは解決できない」と語った。確かに、地球上で直面するあらゆる問題は別個のものであるように見える。だが別の視点から見れば、すべてが生き延びるのは困難だという集合的な危機感の現れとみなすこともできる。

分離の感覚

心の底で違和感を覚えながらも、私たちが正常と見なしている意識状態とは何だろう？　私はこの問題について、作家、教師、心理学者、美容師にまでインタビューをし、何年にもわたって調査を続けてきた。その結果、ほとんどの人が同意したのは、人間の意識が、「私」と「非私」という不自然な分離の感覚によって特徴づけられているということだった。私たちは、自分の内側にある思考の源泉と他のすべての源泉が分離しているかのようにふるまう。つまり、聖なる源泉そのものから切り離されているかのようにふるまっているのだ。魂を震撼させるすべての問題——幼児虐待、家庭内暴力、嘘や騙しあい、環境破壊、戦争など——の根底には、分離しているという意識がある。すべての問題は、分離している「私」と「彼ら」、分離している「私」と「地球」という意識から生まれているのだ。

私たちと世界の関係が欲望によって成り立っているのは、私たちが人生のあらゆる出来事から切り離されていると感じるからだ。私たちはしばしば、日々の生活のなかで何かが欠落していると感じる。そのようなとき、外的な何かを手に入れれば、欠乏感を拭い去れると思いこむ。まさにそんなマインドセット（心の持ち方）がグローバル経済を推し進めてきたのだ。それがもっと多くの物をもっと多くの人に売ることが可能となるからくりである。

「そこのあんた、何かが足りないって思っているんだろ？　そのとおり。さあ、このチキンの丸焼きを買えば、幸せな気分になれるよ。この写真の人々をちょっと見てごらん。彼らは幸せな人生を送っている人々だ。あなただって、このチキンの丸焼き（あるいは新車やマイホーム）を買えば、幸せな気分になれるんだよ……」

人は何かが不足していると感じたときに、物をため込もうとする。その結果、流れが滞ってしまうのである。

この欠乏感は、本当の困難に遭ったときにも引き起こされるが、ほとんどの場合は「心理的空虚感」によって引き起こされる。人はさまざまな立場や状況のなかで、この空虚感を埋めるために、もっと多くのお金や物を求めたり、大きな権力を手に入れて多くの人々を支配しようとしたりする。多くのパートナーとのセックスを求める者もいる。もっと多くのものを手に入れることができれば、安心できると思っているのである。

ポール・ゲッティは、一時期、世界で一番の金持ちだった。人生も終わりに近づいた頃、彼はインタビューを受けた。

「ゲッティさん、あなたは世界の誰よりもお金を持っていますが、もうこれで十分だと思ったのはいつですか？」

「いまだに十分だと思ったことはないね」と彼は答えた。

彼は世界で一番の金持ちになっても、つねにまだ足りない、まだ十分ではない、という心理的欠乏感を感じていたのだ。人類はこの「足りないという感覚」を燃料として走ることを学んできた。その結果、絶えず心配し、過度に考えすぎるという病に陥っているのだ。

あらゆる時代のあらゆる文化において、ほんの一握りの自立した個人だけが幻想から目覚め、「分離した私」という感覚はたんなる幻想にすぎないことを悟った。この悟りは、自己をもっと成長させるとか、自分自身をもっと愛するようになるとか、もっと意識的に生きるとか、もっと善良な人間になるといった問題ではない。「私」や「私の物語」に囚われている状態から、その物語が起こっている宇宙空間やその広大さおよび永遠性を自覚できる状態に、一瞬のうちに根源的なシフトをとげるということなのである。一旦、この幻想の本質が何であるかを知ることができれば、他のすべての物事が落ち着くところに落ち着くようになる。たとえば人との関係においても、もはや「私」と「非私」の意識はなくなる。そのため、「他人」を見て、いかに外見が違っていても、見ている自分と同じ存在だということを認められるようになる。物質的な渇望を生み出す分離感覚は、太陽の光に当たった雪片のように溶けはじめる。代わりに、足りないものが何一つない充足感と無償の愛が感じられるようになる。そのとき人生は「もっと多くのものを手に入れる」ためにあるのではなく、魂の寛大さを示す場となる。そして、人生を祝福し、惜しみなく愛し、損得抜きで与えることが人生の目的となる。

悟りの体験

形あるものから形のないもの——コンテンツ（内容）からコンテキスト（文脈）——へとア

イデンティティをシフトさせた人間は、いつの時代にもあちこちに存在していた。たとえば、2千500年前にシッダルタという王子がいた。シッダルタは何年もの間、あらゆる苦行を行ったが、最終的に苦行にうんざりしてしまった。ある日、彼は近くの木の下に坐った。たまたまそれは菩提樹の木だった。その夜ずっと、さまざまな幻覚や幻聴に悩まされた。奇抜な性的妄想や莫大な富と権力に対する誘惑、さらにはとてつもない恐怖に襲われたのだ。それでもシッダルタはしっかりと正気を保ち、それらはすべて心が生み出した産物であることを見抜いた。朝になって太陽が昇ってきたとき、彼は単純な悟りを得た。あらゆる思考、記憶、欲望、恐怖は、ただの心の遊戯であり営みであることを悟ったのだ。言い換えるなら、すべては根本的に実体がないということである。彼は自らに問うた。「心が形づくるものへの執着から自由になった後には、何が残るのだろう」と。そして自分の本性は形のない空っぽの意識だということに気づいた。英語ではそれを「awareness（アウェアネス）」と呼ぶが、彼のお国言葉では、ブダ（budh）と呼ぶ。その日以来、シッダルタはブダあるいはブッダ（Buddha〈目覚めた人〉）と呼ばれるようになった。その後、修行仲間がいるサルナートに戻ったとき、仲間たちは彼の顔が喜びに満ちて光り輝いているのに気づいて、「おい、お前に何が起こったんだい？」と訊ねた。「光り輝いているじゃないか！　新しい修行法か、新しい師でも見つけたのか？　何をしたんだ？」

「何もしなかったんです」とシッダルタは答えたという。美しい返答だった。何も変わらなかったし、改善されたこともなかった。ただ、どんな変化よりも深い真実の認識があった。

過去20年の間、ブッダが菩提樹の木の下で悟りを得たときと同じように、直接的に悟りの体験をする人々が世界中で急増している。真の私はビルやシンシアやロバートではなく、ブダ、すなわち「アウェアネス」「純粋意識」「永遠なる実在」であるということを悟る人間が増えているのだ。悟りの体験はスナップショットのように一瞬にして訪れるかもしれないが、その後、家賃を支払わなければならないというプレッシャーによって曇らされてしまうかもしれない。あるいはもっと持続するものとして訪れることもあるだろうし、日々の生活の骨組みになることもあるだろう。だが突き詰めれば、そうした違いは重要なことではない。一度でも真理を垣間見ることができれば、分離の幻想によるゲームに終止符が打たれるのだ。すると、心の中で繰り広げられる魅惑的な物語に対する、尽きることのない執着から自由になり、今この瞬間に存在するチャンスが訪れる。

半透明の人

私はこのように変容した人を「半透明の人」と呼ぶ。ウエブスターの辞書は「translucent（半透明）」を「光は通るが、透明ではない」と定義している。たとえば、汚れていないガラスのように、透明なものはほとんど目に見えない。透明な物体ごしに物を見るとよく見えるので、まるで何もないかのようだ。これとは反対に、硬い壁のように不透明なものは完全に光を遮ってしまう。これらに比べて、半透明のものは光を通すが、その形状と組織を保ったままで光を拡散させる。だが、反対側のものがはっきりと見えるほど透明ではない。たとえば、水晶は半透明である。すりガラスでできた彫像もそうだ。太陽が後方から差し込むと、光がすりガラスの彫像を通りぬけ、内側から輝いているように見える。

半透明な人々もまた、内側から光り輝いているように見える。彼らは個人的な日々の出来事と関わり合いながらも、自由で平和な自分の本質と触れ合うことができる。それでもやはり、さまざまな思考や恐怖や欲望が来ては去っていくし、一時的な苦しみや災難に見舞われたり、ストレスにさらされたりする。けれども、彼らの個人の物語はもはや不透明ではない。今や、深いところで永遠に光り輝いているものを映し出すことができる。

私は長年にわたって、現代の半透明の人たちに突っ込んだインタビューを何百回となく行い、1万3千人以上もの人々の意識調査をした。これらのインタビューはカセット・テープ250本分にもおよび、原稿に費やした言葉は100万語を超える。その中にはエックハルト・トール（＊ドイツに生まれ、29歳のときに劇的な霊的体験をした後、特定の宗教に属さないスピリチュアルな指導者として活躍するようになる。『さとりをひらくと人生はシンプルで楽になる』『ニュー・アース』などの訳書がある)、バイロン・ケイティ(＊全米の企業、病院、学校、刑務所などで実践されている究極の自己啓発術「ワーク」の開発者、アメリカでもっとも信頼されているスピリチュアルな指導者の一人。邦訳書に『人生を変える4つの質問』などがある)、ラム・ダス(＊元ハーバード大学心理学部教授。'60年代後半にインドに赴き、ニーム・カロリ・ババと出会い、スピリチュアルな訓練を積む。アメリカで最も信頼されたスピリチュアルリーダーの一人。邦訳書に『ビー・ヒア・ナウ』がある)、ジーン・ヒューストン(＊人類の潜在能力を開発する研究を行っているアメリカの学者。著書に『the Possible Human〈可能なる人間〉』などがある)などの著名な作家や霊的指導者たちも含まれている。また、歯科医や美容師、主婦やホームレスの人たちとも話をした。それから、政治家や麻薬の密売人や自分の税理士にもインタビューをした。さらに飛行機で隣に座った人は誰にでも一様にインタビューをした。世界中で、想像しうるあらゆる背景や信念体系の持ち主たちと話をしたが、多くの人々は分離の幻想が壊れつつあると語っている。社会学者のポール・レイは「分離の幻想から目覚める人が日々増えつつある」事実を私と分かち合ってくれた。控えめに見積もっても、今日、何百万人もの人々がそのような目覚めを経験している。しかもそのほとんどは過去15年以内に経験しているのだ。私が2005年に出版した『半透明の革命』は、その調査の結実であり、新人類が出現する可能性についてのレポートである。

今日の世界はブッダが生きていた世界と同じではない。また、イエス・キリストが歩いた地球とも同じではない。人々の暮らしは変化した。悟りの本質は変わらないかもしれないが、悟りに至るプロセスはまったく異なっている。このような目覚めは日常生活をどのように変えるだろう？　自己の本質は思考を生み出す意識であるということを知ったとき、思考や行動との関係はどうなるのだろう？　怒りや嫉妬といった感情は私たちの中を通り過ぎていくものであり、私たち自身ではないということを悟ったとき、種々の感情とどのようにつき合うようになるのだろう？　目覚めた後では、人とのつき合い方、セクシャルなこと、親の務め、アーティストの活動、ビジネスをしてお金を稼ぐこと、僧侶や司教やラビ（ユダヤ教の宗教的指導者）であること、すべてが違ってくるはずである。

グローバル・ブレイン

少々の野心に駆られてこの調査プロジェクトに乗り出したとき、目覚めを迎えるのは、元気を取り戻した私のようなニューエージのヒッピーに限られるだろうと考えていたが、それは誤りだった。インドや玄米やポニー・テールを好むような人々のことだ。だが、意識の転換は一部の人たちの独占物ではないことを発見し、元気づけられた。

引退したエジンバラ修道院の元司教リチャード・ホロウェイにインタビューしたときのことだ。フィンドホーンでの話ではないことに注意してもらいたい。エジンバラ修道院は、プロテスタントの保守的な価値観を強固に守り通しているところである。ホロウェイ司教はこう語った。

「刑務所の扉に鍵がかかっていないことがわかってほっとしました。私が祈りを捧げているイエス・キリストは、私自身の目の後ろにも、私が見ているすべての人の目の中にも、見出されるのです」

　これは、ラム・ダスやエックハルト・トールの言葉ではなく、エジンバラ修道院の元司教の言葉である。

　私はニューヨーク市のスラム街の学校で働いている人々や、オランダに本社がある世界最大の日用品メーカー、ユニリーバで働くコンサルタントたちにも、インタビューした。そして、ユニリーバのシニア・マネージャーが全員、「意識の覚醒に熱中している」ことを知って、衝撃を受けた。彼らは一緒にリトリート（＊静かな場所にこもって瞑想すること）に通っているのだ。意識の転換を果たした彼らは、会社のさまざまなシステムを改革した。

　他にも、永遠なるものに触れて生き方を変えた環境学者、医者、政治家、芸術家、主婦などにも出会った。長期に及ぶ調査が終了する頃には、私たちが、たとえ種としての存続を脅かす過酷な試練が待ち受けていようとも、集合意識の巨大な転換の初期段階にいて、その勢いが日々強まっていることを確信するようになっていた。

今日、地球という惑星における私たちの状況は、ジェームス・ボンドの映画にたとえることができるだろう。プロットはいつも同じ鋳型に沿って進んでいく。大体が金持ちで、欲張りで、ちょっと狂った「悪者」が、世界を乗っ取るために悪だくみし、ド派手な破壊を繰り広げる。私の知る限り、「悪者」はすべて男性で、ドクター・ノーとかゴールド・フィンガーといった名前をもっている。たいていはグローバルな秘密組織のボスで、うわべは善意を装っている。その作戦は、腹黒く、非人間的で機械的だ。他方には、洗練されていて、バランスのとれた肉体を持ち、瞬間瞬間を完全に生きていて何事も恐れないボンドがいる。彼は死に直面してもユーモアを忘れず、どんな状況でも生きる情熱を失わない。そして、ありえない方法で何度も世界を救う。たいてい時間との競争である。ドクター・ノーが史上最大の破壊力をもつ爆弾を爆発させて、私たち全員を粉みじんにするのか、それともボンドが何百人もの悪党を一人で組み伏せ、運命の日を救うのか？　ボンドはいつも間一髪のところで任務を成功させる。そして、その日の女神と新たな不義を重ねるところで、映画は幕を閉じる。

このような現実離れしたシナリオは、ある意味で、新たな1千年紀の始まりに人類が直面している状況に備えさせてくれた。世界の安定を脅かしているのは、誰も彼もが貪欲に自分の利益を追求していることだ。その最たるものが、誠実さより利益を優先させるグローバル企業である。貪欲な人々の数はボンドのような半透明な人々の数を断然上回っている。けれども、ボンドのような半透明の人間はおしゃれで、セクシーで、冷静な思考能力を持ち、ユーモアがあり、社会をより良くしようとする意欲が強い。今、私たちは一番端の席に座り、映画の最後の山場を観ているのだ。

私たちは、強欲な企業や、自己正当化にかまけている原理主義者たちの活動によって、人生がずたずたにされるのを見ることになるのだろうか？　それとも最終的に、人類全体が正気に立ち返る、新たな時代の幕開けに出会うことになるのだろうか？　いずれにせよ、ただ手をこまねいて待っているときではない。このシナリオの最終章は、いまだ執筆されている最中であり、あなたと私がそれをどうまとめるか任されているのだ。

では、この世界的な恐怖映画の結末まで、あとどれくらいの時間があるのだろう？　私たちにはどのぐらいの時間が残されているのだろう？　私は世界的に著名な数多くの権威者にこの質問を投げかけてきた。資源の枯渇、地球温暖化による気候パターンの乱れ、氷山の融解に関するいくつかの環境白書によれば、２０１０年代の初頭には、こうむった被害の規模が無視できなくなる、とされる。

ピーター・ラッセルは、インターネットの接続スピードがどんどん速くなり、世界中でインターネットにアクセスする人が増えるにつれ、誰も予想できない速さで世界中の人が相互に結ばれていくと推測している。さらに、２０１０年から始まる最初の数年以内に、「グローバル・ブレイン」（＊世界中の人間がインターネットで接続される様を、脳内の連結にたとえたラッセルの造語）が出現すると予測している。数百億の脳細胞には、ほとんど瞬時に他のすべての細胞と結びつく能力があると言われているが、インターネットに接続する人々がどんどん増え、その接続スピードが速くなり、コンピュータの性能が日々進歩していることなどを考え合わせると、この先何年かの内に、グローバル・ブレインが現実となる可能性を否定できない。ラッセルはこの惑星的意識を、「増殖することをやめないコミュニケーション網の中で、無数のメッセージが行き交い、何十億という人間の心を単一のシステムへとつないでいくプロセス」として説明している。

根源的な目覚めだけではなく、その目覚めの深さに影響される人々の数が日増しに増えている。ある意味で、外部の状況が悪くなればなるほど、より多くの人々が分離や欲望の幻想から目覚めるべきだと感じるようになる。世界中で増えている半透明な人々の数を正確に把握するのはむずかしい。彼らはいちいち名乗り出ないし、徒党を組んだりしない。むしろそれとは反対に、どんな団体にも所属せず、一人で歩む傾向がある。その点、羊よりライオンに似ている。ポール・レイ、バーバラ・マークス・ハバード（＊高名な未来学者。１９８０年代、偉大な未来派たちのインタビューを収めた14部作からなるテレビ番組「ポテンシャルズ」を制作。１９８４年、民主党公認の米国副大統領の候補者にノミネートされる。『意識的な進化――共同創造〈コ・クリエーション〉への道』

という邦訳書がある）、デュエイン・エルジン（＊アメリカの作家、活動家。ボランタリー・シンプリシティ〈自発的簡素〉というシンプルな生き方を提唱。邦訳書に『ボランタリー・シンプリシティ』がある）などの社会学者や預言者たちは、持続する覚醒体験をする人の数は急激に増加していくと予想している。そして、２０１２年頃には、６千万人から７千万人、あるいは世界の人口の１パーセントに達するかもしれないと見積もっている。

数多くの伝統の予言が、２０１０年代の初頭を、飛躍的な転換が起こる時期とみなしているのは単なる偶然の一致ではない。数ある予言のなかには、人間がこれまで創ってきた数多くのシステムが崩壊することを予測するものもあるが、私たちが正常な状態と思い込んでいる、有害な分離の意識から自由になった、より進化した新しい人間が出現することを力説するものもある。たとえば、マヤ暦では２０１２年は心理的葛藤が終わる時期であり、その後は心が解放された新しい時代に入ると言われている。

ライアル・ワトソン（＊東アフリカ生まれのイギリスの生命科学者・動物学者。ニューサイエンスの旗手として活躍。代表作に『生命潮流』がある）は『ロミオ・エラー』（筑摩書房）という著作の中で、全人口の１パーセントの人たちがより結束する方向へとシフトすれば、すべての人間がそれにならうことを、はじめて提唱した。最近では、マルコム・グラッドウエル（＊１９６３年イギリス生まれ。カナダ・トロント大学トリニティカレッジ卒。『ワシントン・ポスト』紙のビジネス、サイエンス担当記者を経て、現在は雑誌『ニューヨーカー』のスタッフライターとして活躍中）が著書『ティッピング・ポイント（臨界点）』（飛鳥新社）の中で、信用のおける情報に基づいて、片隅で起こったささやかなシフトがいかにして集合レベルのシフトに発展していくかを明らかにしている。実例として、ギャングの暴力に対抗して立ち上がった一人の男性が、ニューヨーク市全体の犯罪発生率を劇的に引き下げる起爆剤になった経緯や、ほんの数人で始めた新しい靴のファッションが全国に広がった経緯を語っている。個別の出来事を流行現象にまで発展させるには、ほんの数人の適任者がいれば、それで十分なのだ。たとえば、音楽を聴くメディアがカセットからCDへと移行していった経緯を調査したところ、最初は移行がゆるやかに進み、「ティッピング・ポイント」に達した後、急激な広がりを見せて、CDが万人に受け入れられるようになったことがここでも明らかにされた。

ニコラス・コペルニクスは地球が太陽の周りを回っている惑星の一つだと主張したが、彼の説は、彼が生きている間、実質的に無視された。彼の主要な著作は1543年に亡くなるまで刊行されなかったのだ。彼の説が証明されるには、ティコ・ブラーエ（＊デンマークの天文学者。膨大な天体観測記録を残し、ケプラーの法則を生む基礎を作った）、ヨハネス・ケプラー、ガリレオ・ガリレイ、さらにはアイザック・ニュートンといった人たちの努力が必要だった。彼らは地動説をルネッサンス期のヨーロッパ中に広めるために、一軒ごと家を回って歩く必要はなかった。

地動説を検証してくれるほんの一握りの賢い人たちがいさえすればよかった。数年以内には、新しいパラダイムは完全に古いそれに取って代わった。当時の権力者たちによる大きな抵抗があったにもかかわらず、これらの天文学者の説は最終的に広まっていった。なぜならそれらの説は真実であり、公明正大な調査を通じて証明することができたからである。

半透明の革命の三つのシナリオ

私たちは今、新たなパラダイム・シフトの入口に立っている。天動説から地動説へのパラダイム・シフトに匹敵する大転換である。コペルニクスの理論は物理的な宇宙に関するものであり、近代科学の基礎を築いた。勢いを増しつつある覚醒の流行は、人間の意識に関することであり、過去に例のない人類の進化的飛躍の基礎を築く可能性がある。

『半透明の革命』では、三つの可能なシナリオを提示した。いずれも２０１２年へと続くこの重要な時期に起こる可能性がある。一番目のシナリオは、人々が深刻に受け止めているもので、人類の絶滅の可能性である。このシナリオでは、あちこちにいる原理主義者たちが最終的にみんな自制心を失ってしまい、やみくもに爆弾を投下する。それによって人類だけではなく、すべての生き物が死滅するのだ。そんなことは起こりそうにないようにも思えるが、その可能性を完全に払拭することはできない。生命はつねに自らバランスを取ろうとするのだ。

二番目のシナリオは、私が「極限の危機」と呼んでいるものだ。地球温暖化による気候パターンの変化、石油の枯渇、極端な経済格差などが社会組織の崩壊を引き起こし、人類は生き延びるものの、苦難の時期を通り抜けなければならないというシナリオだ。

三番目のシナリオは、私が「奇跡」と呼んでいるものである。何らかの聖なる力の介入により、すべての人々がまたたくまに真の目覚めを体験するというシナリオだ。ほとんど一夜にして、世界中が石油を燃やすことから代替エネルギーを使う方向へ転換する。原理主義者たちは戦争に明け暮れるのをやめる。その過程で解放されるエネルギーや創造性によって、人類はオゾン層を修復し、地球温暖化をストップさせる。その結果、誰もが不安から解放されて深呼吸するというわけだ。このシナリオは、ほとんどの人々にとって滑稽なほど楽天的に聞こえるだろう。人間の意識を超える何かの介入がなければとても無理な話だ。

たとえば、西イングランドや他の土地に現れたミステリー・サークルは不思議な現象である。一体、誰が作ったのだろう？　形がどんどん複雑になり、人の手で作った可能性は少なくなっている。それらを作ったのが何者であれ、高い知性と天賦の美意識を持ち、力強さにも満ちているようだ。だとすれば、私たちが目覚めるのも助けてくれるのだろうか？　２００４年に本を書き終えた時、私も多くの人々と同じように、奇跡の到来を待ち望んでいた。

ワンネス・ブレッシング

その本が出版されてからすぐに、私と妻は南インドにあるワンネス・ユニバーシティから招待を受けた。そこの創立者が私の本を読んで、私たち夫婦を南インドに招いてくれたのである。最初、私たちはためらった。インド人の師とその教えに影響を受けて、人生のよき時期をすでに過ごしてきたからだ。だがその後、偶然に偶然が重なり、結局は招待を受けることになった。

そこで私たちが発見したことは、私たちの多くが待ち望んでいる奇跡だと言っていいかもしれない。この数年、ワンネス・ユニバーシティで始まった現象は世界中に広がり、一部のもっとも知的な集合意識の研究者たちの注意を引き付けてきた。インドでは、それは「ディクシャ」として知られているが、西洋では単に、「ワンネス・ブレッシング」として知られるようになった。多くの尊敬に値する作家や霊的指導者たちは、それが個人や集団の目覚めを促すもっとも効果的な触媒であることを認めている。ワンネス・ブッレッシングは単純なエネルギーの伝達方法である。普通、エネルギーを伝授する人が伝授される人の頭に2分足らずの間、手を置くという方法で行われる。

ワンネス・ブレッシングの考えは、個人の目覚めが神経系統の働きに大きく左右されるという事実をベースにしている。人は自分自身であらゆる種類の霊的洞察を得ることができるが、脳内の神経作用のバランスに裏打ちされなければ、長くは続かない。ワンネス・ブレッシングは、脳内の活動のバランスを整え、努力しなくても自発的に目覚めることを可能にするのである。

ワンネス・ブレッシングが始まったのはごく最近のことであり、本格的な調査はまだ始まったばかりである。EEG（脳波図）やSPECT（コンピュータによる断層撮影）による初期の検査の結果だけではなく、Karnak（検診システム）やAmsat（全自動皮膚抵抗測定システム）のような装置を使った従来とは異なる測定方法の数値も、すべてワンネス・ブレッシングが脳にどのような影響を与えるかに関して、五つの同じ結論を指し示している。

まず第一に、現代人は爬虫類の脳とも呼ばれる脳幹が活動し過ぎていると言われているが、その脳幹の活動が減少した。脳幹は生きるための根源的な機能を司っているが、どのように生きるかの決定を下すには向いていない脳の部位である。第二に、初期の測定で、大脳辺縁系によって司られているホルモン分泌のバランスが改善されることが分かった。第三に、空間認識などを司り、方向関連領域とも呼ばれる頭頂葉の活動が著しく減少したことを、多くの研究者が報告している。第四に、前頭葉のとくに左脳の活動が活発になったという報告がある。最後に、脳梁の活動が活発になり、脳全体の整合性が増すと言われている。

アンドリュー・ニューバーグ博士は、脳や高次の意識状態の研究における世界の第一人者である。ペンシルバニア大学の彼のグループは、長期にわたって瞑想を行ってきたチベット人の瞑想の結果を調査し、ワンネス・ブレッシングをしたときと同じような脳の変化が数多く見られたと報告した。ニューバーグ博士によれば、現代人の頭頂葉は通常の3倍も活発に活動しているという。頭頂葉が健全に機能していれば、三次元空間に適応できるが、現代人のように活動し過ぎている状態では、周囲の環境から分離しているという感覚が誇張され、妄想的な性格を帯びる。頭頂葉の活動が一定の閾値《いきち》以下に減少すると、分離した自己の感覚がなくなり、「ワンネス（一体性）」を自覚するようになる。ニューバーグ博士はそれを「アブソルート・ユニタリー・ビーイング（絶対的な統一存在）」と呼んでいる。彼の研究はまた、前頭葉、とくに左側の前頭葉の活動が活発になることを示している。このことと、これといった理由もないのに至福感や生きる喜びに満たされる経験が関連していると博士は考えている。

ワンネス・ブレッシングの注目すべき点は、神経学的な働きの変化だけではなく、それに関連する主観的な現実体験の変化も、一瞬の出来事として起こるということである。しかも、その効果はしだいに蓄積されていく。予備的研究によれば、たった1回のワンネス・ブレッシングでも、頭頂葉の活動が著しく減少し、前頭葉の活動が活発になることが示されている。1週間経ってもこれらの効果は完全に消えることはなく、さらにワンネス・ブッレシングを行うと、脳内の変化は安定する。ワンネス・ブレッシングを何度も繰り返し行えば、脳は健康でバランスのとれた状態を取り戻し、その状態に留まるといわれている。

2004年に地球規模で広がりはじめて以来、何百万人もの人々がワンネス・ブレッシングを受けた。今では、脳の機能が変化し、安定した人が何千人もおり、その数は急速に増えている。これらはすべて、偶然の成り行きによって起こっているのではない。ワンネス・ユニバーシティはもともと、現在、シュリ・アンマ、シュリ・バガヴァンとして知られている二人の学校教師によって創設された。彼らは、この現象が世界中からやってきた何千人もの人々に共有されるようになるというヴィジョンを持っていた。この先、ワンネス・ブレッシングがさらに世界中に広がれば、「ティッピング・ポイント」に達すると彼らは予測している。つまり、多くの人が「一体性に目覚め」、人類全体の「覚醒」の触媒になるということだ。しかも、それが数十年後ではなく数年後に起こると彼らは予測しているのだ。では、人類の集合意識が「分離」から「ワンネス（一体性）」にシフトする日はいつだろう？　2012年である。

【7章】 聖書の暗号

ローレンス・E・ジョセフ

略歴：1954年米国コネチカット州生まれ。ジャーナリストとして科学、自然、政治、ビジネスの分野で活躍。「ニューヨーク・タイムズ」や「サロン」ほか多くの紙誌に寄稿。地球温暖化が意識されるようになった現在、改めて注目されている「ガイア仮説」を他に先駆けて紹介した『ガイア――甦る地球生命論』（阪急コミュニケーションズ）や『2012年地球大異変――科学が予言する文明の終焉』（日本放送出版協会）などの著作がある。以下のエッセーは、2012年をめぐる『聖書の暗号』とキリスト教原理主義の関係について述べたものである。

聖書の暗号

聖書には、神が地球を2012年に全滅させると記されている。

これは、世界的ベストセラーとなった『聖書の暗号』（新潮社）のなかで、マイケル・ドロズニン（＊ワシントン・ポストおよびウォールストリート・ジャーナルの元記者）が最終的に辿りついた結論である。この本は、聖書の言葉のなかに埋め込まれている神の秘密の暗号を解読したとするものだ。ドロズニンを聖書の暗号の解読に駆りたてるきっかけになったのは、イスラエルの三人の学者、ドロン・ウィッタム（物理学者）、ヨアフ・ローゼンバーグ（暗号研究家）、エリヤフ・リップス（数学者。エリヤフは、気性の荒い預言者エリヤのヘブライ語の正式名）らが、１９９４年にアメリカの学術誌『統計科学』に発表した「創世記における等距離文字列」と題する研究論文だった。統計分析によるすぐれたこの論文は、プラハに住むユダヤ教のラビ（律法学者、宗教的指導者）Ｈ・Ｍ・Ｄ・ヴァイスマンデルが20世紀の半ばに発見したこと――聖書に暗号が埋め込まれているという発見――を立証するものだった。ヴァイスマンデルは、創世記の初めの部分で、50番目ごとに文字を拾い出してみると、「トーラー（ユダヤ教の律法という意味。具体的には旧約聖書のモーゼの五書をさす。創世記が第一の書）」という言葉が出てくることを発見したのだ。同じように50番目ごとに文字を拾い出してみると、「トーラー」という言葉は、モーゼの五書のうち第二、第四、第五の書である出エジプト記、民数記、申命記からも出てくることがわかった（この方法は、どういうわけかモーゼの第三の書レビ記には該当しない。レビ記は聖職者のふるまいに関する規則が詳細に書かれたものである）。

この発見によって研究者たちは興味をそそられ、他の暗号の解読に乗り出した。暗号の解読は気が遠くなるような作業だった。歴史上、最も偉大な科学者とも言われるアイザック・ニュートンは、聖書に暗号が隠されていると信じて、独学でヘブライ語を習い、暗号を発見するために生涯の半分を費やしたが、結局、何も見つけることはできなかった。彼はコンピュータを持っていなかったのだ。三人のイスラエルの学者は、まさに聖書の言葉が最初に石に刻まれたときのように、創世記を原典のヘブライ語で一字一字、単語と単語の空白をすべてなくして入力した。つまり、創世記を巨大な謎として一列に並べ、暗号として隠されている言葉を縦や横や斜めから探したのである。コンピュータを使って、彼らは言葉の謎を調べた。ラビのヴァイスマンデルが最初に「トーラー」という言葉を発見したときのように、隣り合った文字から作られる言葉だけでなく、一定の間隔を空けた文字から作られる言葉も探した。同じ等距離文字のスキップ・コード法を使ってコンピュータで分析していくと、創世記が書かれてから何百年、何千年もあとに実際に生きていた66人の伝説的なラビの名前が見つかったのである。いずれの場合も、ラビの名前の近くやその上に交差して、生没の日付や住んでいた場所などが見つかった。

明らかに、こういった情報をこっそり埋め込むことは誰にもできないし、何世紀もあとに生まれる徳の高い賢者の名前など知ることは不可能だろう。それが暗示していることははっきりしている。神が、聖書に秘密の暗号を埋め込んだのだ。ドロズニンの主な協力者、エリヤフ・リップスは、聖書のなかで発見されたもう一人のエリヤ、18世紀の有名なヴィルナの賢者ラビ・エリヤフの名前を引き合いに出しながら、見るからにありえないような話をこう説明する。「トーラーの言葉には、最初から最後まで、過去や現在、そして時の終わりにいたるまでのあらゆる情報が埋め込まれている。それも一般的なことだけではなく、あらゆる種とあらゆる個人の細かい情報も含まれており、誕生から死までのあらゆる出来事の詳細まで盛り込まれている」。

それはまるで、合衆国憲法のなかに、未来の66人の大統領の名前が含まれていて、彼らの出身州や選挙で選ばれた日がその近くにあったり、交差していたりするようなものだ。あるいは、1965年版の『スポーツ年鑑』の中から、その後の66回のスーパーボウル優勝チームと、そのゲーム・スコアが見つかるようなものだ。

イスラエルの数学者は精密な統計分析を行い、これらすべてが偶然に起こる確率は5万分の1で、実質的な可能性はゼロに等しいと述べている。もちろん、彼らの奇想天外な説は激しく非難された。この論文が発表されてからの10年間というもの、アメリカ合衆国の国家安全保障局の専門家や何人かの統計学者や数学者たちが彼らのやり方に異論を唱え、『戦争と平和』のヘブライ語訳と、もともとヘブライ語で書かれた二つのテキストを比較したり、実験を行ったりして、彼らの発見に挑んだ。わたしの知る限りでは、そのようなテストがコーランで行われたことはない。しかしこれまで、イスラエルの数学者たちに反論できたものは誰もいないばかりか、「聖書の暗号」として知られるようになったものの存在に異議を唱えようとした人々の何人かは、いまではその熱烈な支持者となっている。

ジャーナリストのドロズニンは、未来のヒントを求めて聖書の暗号の解読に乗り出した。ドロズニンは、「暗殺者は暗殺するであろう」という言葉と実際に交差する「イツァーク・ラビン（イスラエル元首相）」の名前を発見した。これは彼の最も有名な発見である。さらに解読していくと、テルアビブという場所と、当時はまだ将来だった1995年という年が見つかった。ドロズニンはあらゆる手立てを尽くしてラビンに警告したが、それも無駄だった。ラビンは暗殺という悲劇的な結末を迎えたが、その後、ドロズニンはラビンの名前の近くに右翼系暗殺者の名前アミラが埋め込まれているのを発見した。

次に何が起こるのか、ドロズニンは当然のごとく知りたくなった。さらに解読を進めていくと、出てきた予言や説はほとんど中東に関連するものばかりだった。だが、セム系民族（＊聖書の創世記10章には、「諸民族の起源」が記されている。それによると世界のすべての民族は、ノアの三人の息子セム、ハム、ヤペテから分かれ出たとされている）のわたしたちの多くがそうであるように、ドロズニンもこの地域の延々と続くドラマの結末と世界の運命を等しく考えがちである。わたしは、地域的な紛争の結果に人類の運命がかかっているとほのめかす南半球の人の話を一度も聞いたことがない。ドロズニンは聖書の暗号をねじまげて解釈しているとして、当然のごとく非難されているが、ラビンの一件以来、多くの予言が現実化している。たとえばそのなかには、2000年の大統領選挙が有効かどうかの裁判で、合衆国の最高裁がアル・ゴアを敗訴とし、ジョージ・W・ブッシュを勝訴とするという予言もあった。

『聖書の暗号』は、聖書が神の啓示の書であることを、絶対的な科学的根拠によってこれまでになかったほどはっきりと示している。イスラエルの学者リップス、ウィッタム、ローゼンバーグの論文に対して、これまであらゆる科学的挑戦がなされてきたが、今のところ反証できたものは誰もいない。よい知らせは、世界中の多くの人々が宗教的信仰のよりどころとしている聖書に、先例のない数学的立証が得られたことだ。悪い知らせとは、言うまでもなく、どのように聖書の物語が終わるかである。

ハルマゲドン運動

また見ると、龍の口から、獣の口から、にせ預言者の口から、カエルのような三つの汚れた霊が出てきた。これらはしるしを行う悪霊の霊であって、全世界の王たちのところへ行き、彼らを召集したが、それは、全能なる神の大いなる日に、戦いをするためであった。

（見よ、わたしたちは盗人（ぬすびと）のように来る。裸のままで歩かないように、また、裸の恥を見られないように、目をさまし着物を身につけている者は、さいわいである。）

三つの霊は、ヘブル語でハルマゲドンという所に、王たちを召集した。

「ヨハネの黙示録」第16章　13〜16節（『新約聖書』日本聖書教会）

イスラエルのメギド平原を望む伝説の丘、ハルマゲドンの上から、時の終わりを眺めることができるという人がいる。というのも、その場所は、あらゆる戦いを終わらせる最終の場所だからである（ヘブライ語では、ハルは「丘」を意味し、メギドは「マゲドン」になる）。ハルマゲドンは、イエス・キリストを受け入れる人々とそうでない人々との戦い、つまり、「ヨハネの黙示録」で予言されている善と悪の最終的な戦いが行われる場所であり、その丘は全長320キロにもわたる谷を見下ろしている。一部の学者は、いつの日かこの場所は何十億もの積み重なった死体で埋まるだろうと推測する。そのとき、わたしたちは凄まじい光景を目にすることになるだろう。けれども、わたしはそれを証明できない。ハルマゲドンには行くつもりはないからだ。あなたもまた、そこに行かないことを願う。もし、すでに行ったことがあるなら、あなたがそこに二度と行かないことを祈る。

ハルマゲドンとは、地球上の人々のあいだで戦われるスケールの大きな戦争を指す言葉だ。

黙示録《アポカリプス》によれば、ハルマゲドンの後に訪れると予想されるのは自然あるいは超自然の大激変である。ハルマゲドンの後に人類がいかに「悟りを得て目覚める」としても、わたしはこうしたことすべてに異議を申立てる（もし、それだけ大きな犠牲を払う価値があったということがわかれば、わたしは地下シェルターから這い出てきて、自分の間違いを認めるつもりだ）。かりに今、超巨大火山の噴火や彗星の衝突といった地球規模の大災害を阻止しようとしたところで、それは重力の法則に逆らうようなものだと言えるだろう。だが、ハルマゲドンはそれとは違ったものだ。考えられるかぎりのあらゆる大災害のなかでも、ハルマゲドンは唯一、イスラム教徒、キリスト教徒、ユダヤ教徒のかなり多くが実際に望み、祈り、実現を企てているものだ。そしてそれは、わたしたちの力によって、実際に阻止したり、あるいは実現させることができる、唯一の終末の予言なのだ。

カール・マルクスは、理論が大衆の心をつかむと大きな力になることを知った。悲しいことに、マルクスの理論は1世紀以上にわたって、まさにそのとおりになった。ハルマゲドンの教理は、アメリカ合衆国やイスラエルやイスラム世界の、規模は小さいが非常に活動的で影響力の強いいくつかのグループの心をしっかりつかんでいる。しかも、その教理は急速に力を増大させており、世界の政治においては手のつけられない勢力となりつつあるのだ。

「ほとんどのユダヤ教徒、キリスト教徒、イスラム教徒はもちろんのこと、ほぼどんな人も原理主義の思想に支配されることを忌み嫌って避けているが、歴史はわたしたち多数によって動かされていない……全体的に見ると、大多数の人は支配されている。支配しているのは歴史のエンジンとなる狂信的なごく少数である。わたしたちはいつの日か彼らを笑うかもしれないし、次の日には恐れをなしてその前で縮こまってしまうかもしれない。神聖な地位を手に入れながらも、神聖ではない混乱を生み出すのは、盲目的で熱狂的な少数派である」と、ウェブマガジン『リゴラス・イントゥイション』のブロガーの一人であるジェフ・ウェルは指摘する。

少数の狂信者たちを夢中にさせているということ以上に懸念されるのは、ハルマゲドンがいろいろな方面で人々の心をとらえているということである。1970年代にベストセラーになったノン・フィクション、ハル・リンゼイの『今はなき大いなる地球——核戦争を熱望する人々の聖典』では、大規模なハルマゲドンの戦いが起きるのは1988年頃だと予言されていた。アメリカやヨーロッパをはじめとする世界各地から、大勢の熱烈なキリスト教徒がこの地を訪れたおかげで、イスラエルの旅行会社は業績をぐんぐん伸ばしている。実際にイスラエルの観光省が行った最近の調査では、毎年200万人の観光客が訪れ、そのなかの半数以上がキリスト教徒で、その半分以上が福音派（エヴァンジェリカル）だということが明らかになった。

福音派キリスト教徒は、「携挙（ラプチャー）」を待ちわびながら、最も熱心にハルマゲドンを実現させようとしているグループである。「携挙」とは、信仰深い真のキリスト教徒が戦いの前に文字どおり空中や天国に持ち上げられ、神と合一する至福の瞬間のことだ。それが爽快な気分をもたらすことは間違いない。そしてそのとき、安全で快適な天国から地上を見下ろし、対立する二つの集団が戦うありさまを眺めるのだ。信仰の浅いキリスト教徒や戦士として特別な運命をもった人たちは「携挙」に組み入れられない。また、反キリストの人たち、つまりカリスマ的なにせの救世主とその追随者、非宗教的な人道主義者、異教徒、ヒンズー教徒、仏教徒、イスラム教徒、ユダヤ教徒、充分に献身的でないキリスト教徒なども「携挙」に組み入れられない。福音派の神学によれば、ユダヤ教徒の大部分はキリスト教徒に改宗し、ハルマゲドンの戦いにおいては正義の側について戦うと言われている。イエスを拒む人々は、他の懐疑的な見方をするすべての人々と一緒に粉々に砕け散ってしまうのだ。

ハルマゲドンに多くの人々が訪れるようになれば、伝説の丘はいっそう神秘的な雰囲気を増し、偶発的にせよ計画的にせよ、なんらかの事件が悲劇的な戦争の引き金となるかもしれない。ガラリア湖に沿った約50ヘクタールの敷地に建てられる新しいキリスト教徒のテーマ・パークには、巡礼者たちが殺到するだろう。そこは、水の上を歩いたというイエス・キリストのエピソードがある場所だ。この何十億ドルものプロジェクトはイスラエル政府とアメリカの福音派のあいだで、共同事業として進められている。全米福音派協会のスポークスマンによると、3千万人の会員が先頭に立ってこのプロジェクトを推進しており、ガリラヤ世界遺産公園は

2011年末か2012年の前半にオープンするという。

ここ最近、ハルマゲドン推進派にとって物事は願ってもない方向に進んでいる。2005年末、世界最古と思われるキリスト教の教会が、イスラム教徒のラミル・ラズロによって、偶然にもメギドで発掘された。交通違反のために2年間服役していたラズロは、補助作業員の一人として、パレスチナ人を拘束して尋問する施設の建設に当たっていた。今ではハルマゲドン教会と呼ばれるこの教会は、3世紀か4世紀に建てられたものだ。その当時はキリスト教の儀式がまだ秘密で行われていた。床にある2メートル四方のモザイクの中央には、2匹の魚が描かれている円がある。魚は古代のキリスト教のシンボルであり、ギリシャ語の魚（イクトゥス）のつづりは、「イエス・キリスト（神の子、救世主）」の名の頭文字を並べたものだ。初期のキリスト教徒は、魚のサインをつくることによってお互いに挨拶をやりとりしていたが、それはまた「人間を取る漁師」になった使徒ペテロの象徴でもあった。「岩」を意味するペテロという名は、イエスが「わたしはこの岩の上にわたしの教会を建てよう」と言ったことに由来し、キリスト教会が建てられた岩の寓意となっている。なかでも、ローマのヴァチカン市国にあるサンピエトロ大聖堂はきわめて有名だ。

聖書では特別予言されていたわけではなかったが、この教会の発見は、終末が近いことを表す新たなしるしとして、すでに好意的に迎えられている。メギドのハルマゲドン教会の再建が終わるのは、２０１０年から２０１２年の間である。

【8章】

女神の復活

クリスティン・ペイジ

略歴：医学博士。ホメオパシー療法医。現代医学と古代の叡智を融合させるホリスティック医学の提唱者として、世界各地で講演をおこない、ワークショップを主宰する。スピリチュアリティや直観力の大切さを語りながら、薬物や科学的治療だけに頼らないアプローチの重要性を訴え続けている。イギリスに生まれ、現在、米国カリフォルニア州在住。『チャクラ――癒しへの道』『チャクラ――直観への旅』『チャクラ――治癒力の目覚め』（いずれもサンマーク出版）などの著書がある。以下のエッセーでは、女性性と男性性の神話が２０１２年や新しい意識に向かう私たち一人ひとりの旅とどう関わっているかを明らかにしている。と同時に、それらの神話から得られるレッスンを、来るべき変化に備えるためにどう活用できるか解き明かしている。

新たな世界の誕生

おめでとう――あなたはまさに今この時代に地球にいるという大きな幸運に恵まれたのだ！この幸運のおかげで、人類の新たな時代を最前列で見ることができるだけでなく、新たな時代をともに創るというめったにない機会を与えられるのだ。あなたは他の目覚めた人と協力して、今後、2万6千年にわたって人類が存続していくための青写真を創ることができる。そもそもあなたが何度も生まれ変わって今ここにいるのは、新たな時代を創るという使命を果たすためにほかならない。その使命を果たすには、そのような使命をもっていることを思い出さなければならない。今がそれを思い出すときなのだ。

2012年には、2万6千年ぶりに、太陽が（そして当然のことながら太陽系に属する地球も）銀河系および天の川の暗黒星雲と直列する（＊NASAの科学者はそうした現象は起こらないとナショナルジオグラフィック誌の中で述べている）。この星間塵でできた道はマヤ人には「黒い道」として知られており、銀河の中心へとまっすぐに伸びている。

毎晩夜空を観察していた古代人は、天の川が太母と大蛇を象徴していると考えていた。太母と大蛇はともに変容の基本要素である死と再生を意味している。暗黒星雲は偉大なる母の膣口と大蛇の大きく開けた口を象徴しているが、何を象徴しているにしろ、伝えようとしていることは同じである。そこは、私たちが生まれてきた入口であり、私たちが死ぬときに戻るところなのだ。

マヤ文明が第四の太陽の世界と捉えていた世界の最終局面が終わり、2012年12月21日の日の出とともに全く新しい世界が誕生するのを目前にひかえた今ほど、このことを理解することが重要な時はない。比喩的にいえば、私たちは今、暗黒星雲の方向に徐々に引っ張られて、逃れられない状態にあり、その暗黒星雲は、銀河の中心に位置するブラックホールの影響下にある。今、古い時代が最後の断末魔を迎えようとしており、私たちが現実と呼んでいるホログラムは消えつつある。そのために多くの人が未知のものに対する不安、しばしば「カオス（混沌）」と呼ばれる状況に直面している。同時に、過去2万6千年の間に私たちが作り上げてきたすべてのものが、私たちのところに回帰しつつあり、貴重な知恵を掘り出すチャンスなのだ。そのプロセスを通して、私たちの内なる光が強くなれば、「黒い道」に沿って進むのが容易となり、やがて銀河の中心とそこに含まれる謎に辿りつくだろう。

マヤの先住民にとって、この中心は太母の心臓を表している。この場所こそ、神官王やシャーマンが旅をして、同族の民の幸福のために洞察力や知恵を得るところだった。そこは多次元的現実、パラレル・ワールド、空、無の場所、そして可能性の海への入口と見なされており、過去においては一握りのエリートか深い瞑想状態にある人にしか辿りつけないとされていた。だが、今この特別な時期においては、誰もがその恵みを享受できるようになるだろう。今の私たちはお菓子屋にいる子どものようなもので、太母がお菓子を好きなだけどうぞと差し出してくれているのだ。ところが、相変わらず特定の自己イメージや世界観に囚われているため、慣れ親しんだお菓子しか目に入らず、ほかのものを見過ごしてしまうのだ。今こそ冒険する絶好の機会である。

はざまの時代

意識の大きな転換は１９８０年代後半に始まった。天文学的には、太陽が36年かけて「黒い道」の入口を横切る旅を始めた時期である。この時期には、１９８７年のハーモニック・コンバージェンスと、１９８９年に海王星と冥王星が山羊座の近くを通過する現象が含まれていた。後者の現象は、ベルリンの壁の撤廃とソビエト連邦の崩壊、その他の抑圧的な規制の撤廃を引き起こし、多くの先住民に自由をもたらし、彼らに独自の聖なる儀式を行なう権利を与えた。

銀河の中心を通して豊かさや可能性の海に接近できる好機は、太陽がブラックホールから離れて新たな2万6千年の自己発見と創造の旅を始める２０２３年ごろまで続くだろう。

比喩的にいうと、この36年の期間は、夜空から月が姿を消す、月に一度の新月にたとえられる。その間に古い月は死んで次の世代へ道を譲り、３日後、細長く銀色に光った三日月としてふたたび姿を現す。月の実際の死と再生を目にすることができないのと同じように、世界の移り変わりを視覚的に定義することはできないのかもしれない。しかし、マヤの予言では２０１２年12月21日の日の出とともに第五の太陽の世界が誕生し、２０２３年ごろにはその全貌が明らかになるとされている。

将来何が待ち受けているか？

マヤの予言によると、現在、私たちは、エーテルの要素に支配される時代に突入しているという。エーテルは、しばしば四大元素――地、火、空気、水――の合成物として説明される天上的なものであり、物質的実体をもたずに、時間と空間の枠外に存在する。しかし、その不明瞭な性質は過小評価すべきではない。なぜなら、木、風、火、石もしくは肉体と同じように実在するものだからだ。エーテルの内部では、あらゆる対立が融合する。それゆえ、闇と光、ネガティブとポジティブ、善と悪を引き離す必要はない。あらゆるものは太母の前で愛情込めて生み出された、同じ本質の別の姿とみなされる。肌の色、文化、宗教、性別の違いを超えてすべてが一つになることが統一だと信じたがる人々には、こうした考えは受け入れがたいかもしれない。エーテルの要素によってもたらされる新しい世界の統一は、多様性を維持したままの統一であることを認識する必要がある。つまり創造の源のあらゆる局面が批判や偏見にさらされたり隔離されたりすることなく、敬われ、讃えられるのだ。

そのような受容は説教や祈りや奨励によってではなく、すでに途方もなく大きな波となって地球全体を包み始めている慈悲の精神を通して達成されることが今や明らかになりつつある。受け入れられることにこだわらない神聖な慈悲の精神は、感情的なものではなく、習慣や思想や信念のいかんにかかわらず、誰でももてるものだ。だが、そうした精神を身につけるには、自分を卑下したり、自分には何も受け取る資格がないと思ったりするのをやめなければならない。やめれば、愛が永遠であることがわかるだろう。

こうした認識の転換は、私たちが水瓶座の時代の夜明けに直面していることを示す最初の兆候である。水瓶座の時代は、高度な社会的良心、協力的な共同体、自己責任、「大局」を見すえる能力などを、象徴する。一方、自己中心的なふるまい、教祖崇拝、内なる力の喪失、無責任な言動といったものは、すべて廃れゆく魚座の時代に共通して見られる特徴である。

私たちは、ひとたび罪悪感、非難、批判、被害者意識といった感情を手放すなら、本当の意味での慈悲を経験するチャンスに恵まれる。エーテルという媒体の内部では、時間と空間が「今」に集約され、行動と同時に結果が返ってくるので、自分の行為が他人に与える影響を即座に経験することになる。このように、第五の太陽の世界では、自分自身と自分の注意の焦点とが分離していないことに、私たちは気づかされる。思考はある効果を生み出し、即座に私たちはそれを感じ取る。要するに、自分の考えや感情は、表に出さなければ隠し通せるという思い込みに安住できなくなるということだ。

集合意識への関与が深まるにつれ、「自分が望むことを他人にもしなさい」という言葉を心から理解できるようになるだろう。なぜなら今や、自分自身と他人の間に何の違いもないことがわかるようになるからだ。換言すれば、私が他人に対してすることは同時に自分自身に対してもしているのだ。というのも、私とあなたは一つだからである。

このような見地に立てば、戦争が終結し、虐待がなくなり、恥ずべき秘密が過去のものとなることは歴然としている。他人を傷つけることが自分自身を傷つけることだとすれば、他人を傷つけて何の得があるだろう。かつてある賢明な教師が私にこう言った。「恐怖や批判による分け隔てがなくなれば、私たちは真の意味での慈悲がわかるようになるでしょう。そのとき、心と心が結び付けられ、以心伝心が可能になるでしょう」

私たちはなぜここにいるのか？

未来を予見した今、過去2万6千年の私たちの地球上でのふるまいを理解するのは意義のあることだろう。神秘家の科学である錬金術の教えによれば、人間の経験は、地が天に昇り、天が地に下降する、死と再生の絶え間ない循環である。

下の如く、上も然り、上の如く、下も然り。

——エメラルド・タブレット

要するに、片道旅行ではないということだ。

人生は天と地を往復する螺旋状の循環運動からなっており、下降も上昇と同じように重要なのだ。天と地を楽々と行き来する能力は、一般に神や女神だけに可能と信じられている能力、不死という能力を旅人にもたらしてくれる。

だが、過去の達人はすべて同じメッセージを分かち合ってきた。彼らは、私たちがエーテルの状態であれ、物質の状態であれ、まず何よりも神聖な存在であることを思い出させるために、地上に姿を現した。彼らは自分自身の経験から、私たちがいかに簡単に道を見失い、自分を神と見なして増長している権力者に己の力を預けてしまうかをよく理解している。地球の進化において重要な時期である今、アセンションを果たした人々は、私たち全員に、目を覚まして自分が何者であるかを思い出すよう、呼びかけている。

英雄の旅

過去2万6千年の間、私たちは自己実現を成し遂げるために――つまり自分自身が神であることを知るために――幾度となくスピリチュアルなエーテル的自己と高密度の物質的自己との間を行き来してきた。幸いなことに、これら二つの世界を経験するために今の人生が終わるのを待つ必要はない。睡眠、瞑想、白昼夢、月経、呼吸の合間などに、つまり夢想状態に入るたび、私たちはこれらの異なる次元の間にかかっているはしごを行き来しているのだ。

そのようなとき、私たちの古い自己は小さな死を経験し、新たな啓示に心を開く。身体的な死を受け入れることに脅える人もいるが、死と再生のプロセスはごく自然なものであり、呼吸と同じくらい簡単なことなのだ。わかりやすい例として、創造的ひらめきを一本の釣り糸であると想像してみよう。通常の意識を去って夢想状態に入るたび、私たちは、集合意識または想像力としても知られる可能性の海に、釣り糸をたらす機会を与えられる。この広大な知識の領域は、読者の創造的なひらめきによって命を吹き込まれるのを待っている本書の言葉と同様に、実現されるのを待つ可能性を含んでいる。

新しいアイディアをリールで手繰り寄せ、針にかかった収穫物を検討するとき、私たちはこれらの洞察を実現したいという衝動に駆られる。こうして、英雄が誕生する。これは探求者の男性的な側面であり、アイディアを大切に育てて実現しようとするすべての人の中に見出される。英雄は、現代神話でよく知られている元型であり、その冒険や挑戦は多くの偉大な伝説や民話の中核をなして、勇猛果敢な行為で人々を元気づける。最終的に、英雄は王となって、自らの偉業を祝福し、自らが築き上げた王国の中心に誇らしげに立つ。そのとき、英雄の試練は終わる。

多くの人は外の世界で何かを成し遂げることが成功だと信じているが、魂の運命を全うするには、それ以上のことが必要である。エネルギーを内的に変容させ、それを用いて集合意識を豊かにすることができなくてはならない。

そうした変容を引き起こすには、王の元型を恋人たちの元型に置き換える必要がある。恋人たちという元型は、二つの世界を行き来する魂の乗り物である光（エーテル体）を強化する。強いエーテル体がなければ、私たちは同じ水面に何度も釣り糸を投げ、人生は偶然に左右されるもので、いかなる選択肢もないと信じざるをえない。内なる光が強くなれば、二つの世界を容易に行き来できるだけではなく、限りない可能性の海に向かって、釣り糸をより遠く、そして深く投げるチャンスが与えられる。

恋人たちは、感受性と慈悲心と機敏さをもって内省することにより、周到に作り上げられた物語から徐々に無駄なものをそぎ落とし、最終的にエッセンスだけを残す。あらゆる仮面やベールが剥ぎとられた物語の核心に直面した恋人たちは、判断せずに思いやりをもって純粋なエッセンスを抱きしめ、最終的に魂を養う知恵の光を解き放つ。

このような明快さと解放の瞬間には、しばしば「そうか！」という感嘆詞や、「ひらめいたぞ。何もかもあきらかになった！」「わかった！」というセリフが伴う。恋人たちは今や、エーテルの世界の王様に該当する賢者になるという栄誉を得る。賢者の登場とともに、私たちは次のようなことを経験する。

- 古い物語の放出
- 心と精神の軽快さ
- 古い引き寄せのパターンが終了し、ある種の人々や状況が私たちの人生から消えるように思われる
- 次に釣り糸をどこへ投げ入れるかという選択
- 大局を見ることがいともたやすくなる
- 太母の可能性の海、空、永遠の無の場所への回帰

英雄の旅の終焉

歴史的な転換期ともいえるこの時期、まったく新しい旅を始めるためだけに地球上にいる人はほとんどいない。ほとんどの人は2万6千年前に始めた旅をやり終えようとしている。その旅がどこで袋小路に入り込んだかをチェックするガイドラインがある。

英雄段階

◎時間不足のため、想像の中で膨らませられなかった夢やアイディアは何か?
◎仮に、世界が明日終わるとすれば、あなたは何を後悔するか?
◎他のプロジェクトのために蔑《ないがし》ろにされた願望は何か?
◎あなたの人生において、今はリスクをとる時期か?

王様段階

◎自分が成し遂げたことをどれくらい容易に祝福できるか?
◎成功の王冠をかぶることがどのくらい心地いいか?
◎あなたがこれまでに成し遂げたことの中で、もっとも誇りにしているものは何か?

▨あなたが王冠を獲得すれば、あなたの人間関係はどう変わるか？

恋人たち段階

▨あなたのアイデンティティはどの程度、外見や人間関係によって決定されているか？

▨ベールや仮面を脱いだとき、あなたは何者か？

▨羞恥心や困惑を感じる点も含め、自分自身のあらゆる側面をどれくらい暖かい目で見つめられるか？

▨自分自身の短所を愛することができるか？

賢者段階

▨無益で手放すべき行動パターンは、何か？

▨なにがあっても続く人間関係はどれか？

▨どんな自己イメージが、人生を存分に味わうのを妨げているか？

▨コントロールを手放して、太母の腕に身を預けることが、どれだけ容易にできるか？


それぞれの自己発見の段階が終了すると、私たちは混じり気のない光のエッセンスを抽出し、それを自身のエーテル体（またはライトボディ）につけ加える。この微細身（サトルボディ）は時間をかけて独自の磁力を発達させ、自らの旅に役立つ人々や出来事を加速度的に引き寄せ始める。それを私たちはシンクロニシティと呼ぶ。私たちの最終目標は、物質的な身体に頼らずに、ライトボディを通して地球上で生きられるようになることである。それが実現できれば、これまでキリスト、エルモリヤ（＊インドのラージャースターン州の王子で、偉大な霊的指導者として崇められた）、聖母マリア、サン・ジェルマン、ブッダ、ムハマド、ジュワル・クール（＊神秘学者のアリス・ベイリーに霊感を与え、本を書かせたチベットの覚者）などごく一部の聖人のみが知りえた不老不死とはどういうものか、わかるようになるだろう。

女性性の復活

過去2千年もの間、人々は神の男性的な面ばかり注目していたが、実際のところ、変容のプロセスは私たち一人ひとりの中にある神聖な女性性の全面的な協力がなくしては起こりえない。死と再生の秘密を包含する錬金術的な器を提供できるのは、女性性だけである。男性性はしばしばそれを恐れ、なんとしてでも避けようとする。一概には言えないが、一見自由に見える国でさえも、いまだに女性的な面のすべてがオープンになっていないことが多い。古代の伝統的社会においては、ほとんどの場合、偉大な女神は尊敬され、神々でさえその前では頭をたれたものである。

女性性の大切さを具体的に示す神話は数多くあるが、以下の逸話は比較的新しいものだ。アメリカ先住民のイロコイ連合の憲法といえば、アメリカ合衆国憲法のモデルとなったことで有名だが、その創案の際、各部族の首長は女性たちが選出すると決められた。なぜなら、「男性の心理は女性にしかわからない」「女性だけが地球の恵みとつながっている」「女性だけが愛する人を埋葬するときにどんな気持ちかを知っている」「戦いや戦争をする際、それが命をかける価値があるかどうかを判断できるのは女性だけである」と考えられたからだ。もし女性だけに投票権があるとしたら、政治や宗教がどれだけ大きな変貌を遂げるかを想像してもらいたい。

神の女性的な面は、多くの古代文明において三対の女神――処女、母、老婆――として描かれるのが普通である。それぞれの女神は創造的なプロセスにおいて独自の役割を担っていると考えられている。

処女――創造者
母――養育者
老婆――破壊者

三つの面を持った女神の具体的な例としては、ヒンドゥー教のパールバティ（＊学問の神ガネーシャの母。シヴァの最初の妻サティーの転生とされ、穏やかで心優しい、美しい女神）、ドゥルガー（＊外見は優美で美しいが、実際は恐るべき戦いの女神。10本あるいは18本の腕にそれぞれ神授の武器を持つ）、カーリー（＊血と酒と殺戮を好む戦いの女神。全身黒色で4本の腕を持ち、牙をむき出しにした口からは長い舌を垂らし、髑髏をつないだ首飾りをつけ、切り取った手足で腰を被った姿で表される）、ケルトのネヴァン（＊戦士たちに狂乱を与え同士討ちさせる女神）、バブド（＊カラスの女神。戦闘と破壊の女神）、モリガン（＊戦争と破滅と死の女神）、ギリシャのヘーペ（＊青春の女神）、ヘラ（＊結婚の女神）、ヘカテ（＊夜と魔術、月の女神）などがあげられる。そのほかには、アーサー王伝説では三つの面をもつ王妃グウィネヴィア（＊豊穣の女神）、ドルイド教では三つの顔をもつダイアナ・トリフォーミス（＊魔術を司る月の女神ヘカテの三つの側面を表していると言われる）、そしてローマ神話では運命の三女神として登場する。

女性性のそれぞれの側面は基本的に同時に働くが、それぞれを活性化させるためには、別個に論じることが大切である。

処女

この元型的エネルギーの正確な定義は、「自己完結」である。そうした完璧さゆえに、神話にでてくる処女は未婚なのだ。「自分を完全にするために他者を必要としない」のだ。処女が着る白い衣装は、自らの清廉潔白さをアピールする。影となる部分がまったくなく、自己のあらゆる側面が愛という名目の中に包まれているのだ。結局のところ、処女性を具現化している人物は、ごまかし、恥、罪悪感、恐怖などで他人を支配する人にとって、明らかな脅威である。なぜなら、心理的な脅しに屈することがないからだ。過去2千年以上にわたって、処女のイメージが不当におとしめられ、未成熟で人生の喜びを知らない存在として描かれてきたのはそのためだ。

しかし、処女性が人生に及ぼす影響力を軽んじることはできない。処女は、私たちが今生の間に実現することを選んだ霊的な青写真を携えた、私たちのハイヤー・セルフなのだ。処女が最も望んでいるのは、私たちもまた純粋な光を放てるように、自分のあらゆる側面を愛し、受け入れるようになることだ。それを念頭において、処女は小さな直感の声を通して私たちに話しかけ、私たちが欺瞞の渦を何とか切り抜け、障害物を避けて通るのを助けてくれる。処女は私たちが自らの魂の運命を全うすることに集中し続けられるように、簡単な指針を示してくれるのだ。たとえば、

◎私は愛に基づいて行動しているだろうか？　それとも恐怖に駆られて行動しているだろうか？

◎今している仕事は私の魂を養ってくれているだろうか？
◎現在の人間関係は魂の成長に貢献しているだろうか？
◎自分の人生にワクワクしているだろうか？

処女は私たちを決して見捨てない。私たちが疑念や恐怖でほとんど打ち負かされそうになったり、人生の岐路に立たされたりする最もつらい時期でも、私たちのそばから離れない。処女は私たちのあるべき姿を十分に把握しており、私たちが魂の運命に向かって一歩一歩進めるようやさしく導いてくれる。これは私たちが想像するよりも深い意味をもつ。

というのも、処女はきわめて深い役割を担っているからだ。たとえば、ローマ神話の女神ウェスタに仕える処女や、アイルランドの処女、聖ブリジッド（＊アイルランドの3守護聖人の一人。アイルランドで初の女子修道院の院長になった）などは、火の守護神、とりわけ、消えることが許されない永遠の火を護る守護神になるべく訓練された。

この火とは何だろう？　スーフィズムの伝道者であるハズラト・イナーヤト・ハーンは、『The Spiritual Message of Hazrat Inayat Khan, Volume I――The Way of Illumination（ハズラト・イナーヤト・ハーンのスピリチュアル・メッセージ　第1巻――啓蒙の道）』の中でこの疑問に対して明解に答えている。

もし愛が純粋なもので、その愛の火が輝き始めたら、霊性を得るためにどこかへ行く必要はありません。霊性は愛の中にあるからです。永遠の火に変わるまでその愛の火を燃やし続けなければなりません。かつての火の崇拝者は、消えてしまう火を崇拝することはありませんでした。彼らが崇拝していたのは永遠の火なのです。永遠の火はどこで見つけることができるのでしょう?　あなた自身の心の中です。

ローマ人や他の古代人は、心臓を崇拝していた。心臓がなければ、成長も創造性もすぐに行き詰まり、やがては有機体の死に至るのを知っていたからだ。彼らは、心臓が単なるポンプではないことを知っていた。個人や文化をさまざまな多次元領域へと運ぶエネルギーの変圧器と見なしていたのだ。そして、多次元の領域を渡り歩くことで、人は時間や空間の制約を超えて生き、最終的に不老不死とは何か知ることができると考えた。ほとんどの人は、喜びの瞬間や至福の瞬間、また恋愛当初の恍惚状態にあるとき、そのような自由を経験したことがある。時間が制止したように感じ、気分は高揚し、色は鮮やかさを増し、世界の恵みが労せずとも目の前に差し出されているかのように感じる。

銀河の中心にいる太母の心臓と直列している現在、私たちが直面するのはそれと同じ意識状態である。私たちはただ、太母に十分な愛を捧げればいいのだ。愛は火を赤々と燃えあがらせ、可能性の海を伴った永遠の空《くう》へと向かう旅に、弾みをつけてくれるだろう。処女が入り込んでくるのはそこである。彼女の最大の関心事は、私たちが、内なる世界と外の世界、心の世界と物質の世界が融合した完璧な状態で存在するようになることだ。私たちが霊的な青写真のすべての側面を実現し、愛の名の下にそのエッセンスを心臓へと引き込めば、私たちの火の勢いは増し、ライトボディが強化され、次元間をやすやすと移動できるようになることを処女は知っているのだ。こうした動きを妨げる足かせとなるのは、過去から引きずっているお荷物、未解決の問題、未来の妄想、自分が人生をコントロールしているという思い込みなどである。処女の導きがあるからこそ、私たちは最終的に不要なものを手放し、ふたたび自分自身の永遠の火に暖めてもらうために、勇気をもって未知なる世界に踏み出すことができるのだ。

母

すべての元型の中で、母のイメージは時が経っても廃れることはなかった。人生のあらゆる瞬間に母が提供する、育む才能や恵みに感謝しない人はほとんどいない。母なる存在は私たちが釣り糸を投げ入れる可能性の海であり、旅の途上にある英雄を養う滋養であり、王様が坐る王座であり、愛する人が己を知るために入らなければならない洞窟であり、旅を終えて帰ってくる賢者を迎える水である。

我が子を失ったり、子どもが成長して家を出ていったりして嘆き悲しむ母親を描いた神話はあるが、太母の愛はとても深いので、そんな哀しみの中にさえ、自らの運命を全うするために旅立っていく子どもへの祝福がこめられている。これはどんな親にも当てはまるのではないだろうか？　母鳥が、飛ぶ力を信じて雛鳥を巣から追い出すのは、愛の力ゆえではないだろうか？

母の恵みは、彼女の火を燃え上がらせる愛や敬意とともに彼女に近づくなら、いつでも手に入れることができる。母の欲求を軽んじると、その恵みに預かれなくなり、取り残された痛みだけが残るだろう。食べものの中だろうと、活用するエネルギーの中だろうと、坐る椅子の中だろうと、私たちを生かしている肉体の中だろうと、母なるものを見いだし、尊敬することを学ぶことが、今この時期とても大切である。古い世界が死にゆく一方でまだ新しい世界が誕生していない今、母なる存在の援助の手はまだ届いていない。だが新しい世界の恵みを受けとれるかどうかは、今このとき、私たちがどれほど太母に感謝できるかにかかっている。それゆえ、いまこそ、以下のように生きるのがふさわしい。

▧母が与えてくれるものを、敬意をもって祝福する。

▧聖地を太母の故郷とみなし、喜び、笑い、歌、ダンスといった贈り物を携えて訪問する。

◎木や植物を太母の肺とみなす。それがなければ、私たちは生命力を吹き込まれないだろう。
◎川や海を太母の血液とみなす。そこから栄養をもらい続けるには、血液をきれいにしておかなければならない。
◎岩や山を太母の骨とみなす。私たちに安全性や安定をもたらしてくれるからだ。
◎この地球上にいるあらゆる生き物を家族とみなす。それぞれの生き物が人間性の一面を表している。
◎人間一人ひとりを自分自身の別の一面とみなし、愛と敬意をもって接する。

老婆

女性性の三つの顔のうち、最後の人格は、おそらく統合するのがもっともむずかしいが、死と再生のこの時期、きわめて重要である。老婆または暗黒の女神は、どの文化にも存在しており、黒い色の動物に囲まれ、煮えたぎった大釜を所有する魔女や醜い老女としてしばしば描かれる。老婆は、破壊者カーリー、死体を貪り喰らう雌豚ケリドウェン（＊ケルトの伝説に登場する魔女。月の女神とも冥界の女神ともされ、魔力を有する大釜を所持している）、セクメト（＊火を吐く牝ライオンの姿で現れ、疫病や旱魃をもたらす女神として恐れられた）、貪欲な女王イシス（＊永遠の処女であり、処女のまま神を身ごもったとされ、「天上の聖母」「星の母」「海の母」などさまざまな名を持つ女神）、死の女王モルガン・ル・フェイ（＊アーサー王伝説に登場する魔女）、破壊者ペルセポネ（＊ギリシャ神話に登場する冥界の女王）として登場する。冬や大惨事、欠けていく月、最後の審判の日を表す老婆に、死のイメージがつきまとっているとしても不思議ではない。古い世界が崩壊しない限り再生はないことを、老婆はつねに思い出させる。

2万6千年の周期が終わろうとする今、老婆は銀河の中心にあるブラックホールとして私たちを引き寄せている。そして彼女の膣口はダークリフト（暗い亀裂）によって表されている。私たちの変容を助けてくれるよう老婆に頼んだのは、私たちのハイヤー・セルフであることを思い出す必要がある。もう後戻りはできない。

王様が死ぬ運命にあることを受け入れ、息子や継承者を生む準備ができると、恋人たちは地下の子宮あるいは暗黒の女神の洞窟に入る。この意識の転換は、普通、魂の暗い夜として描かれる。それは、外界で起こっているあらゆることに背を向けて、どういうわけか内側に目を向け、内省する空間を探すときである。当然ながら、家族や友人はそうした行為にしばしば驚きを示す。西洋文化には、創造のサイクルに欠かせない内省というものに、時間を割く習わしがないのだ。

内省に沈む人はうつになったとみなされ、「幸せになるためのクスリ」を処方される。そして、暗闇から脱け出して仕事に復帰するよう励まされる。しかし、すべての古代文化は地下世界に降りていく内的なワークを、個人のみならず種族が生き残っていくためにも欠かせないこととみなしていた。あらゆる人がヴィジョンクエスト（＊人生のヴィジョンを探求するワーク）や放浪を通して、女性の場合には月経時の瞑想の実践を通して、暗黒の女神を訪れることを奨励されたのだ。

女神は火鍋がおいてある大きな洞窟の暗闇の中で、恋人たちがある経験の周辺にこしらえてきた物語を剥ぎ取るのを助ける。その結果、真の創造の秘密が明らかにされ、知恵のエッセンスが解き放たれる。これは困難な旅である。なぜなら私たちは自分が作り上げた世界や自分に信じ込ませている話にとらわれがちだからだ。老婆がハゲタカのごとく私たちの物語の肉やはらわたを貪り食い、私たちを火鍋で茹でるのを見て、私たちはあまりにも粗野で愛情がないやり方だと思う。しかし、老婆の目的はただ一つ、自分を存分に愛するのを妨げる羞恥心や恐怖が宿る霊魂の暗い場所に私たちが潜り込み、内なる恋人たちの助けを借りて、それらの切り離された部分をしっかりと抱きしめることだ。自己の捨てられた側面が心に戻ってくると、私たちの内なる光が輝きを増し、エーテル体が強くなる。

だが、私たちの小さな自己は、あらゆる手を尽くして、死につつある世界の最後の痕跡にしがみつこうとする。それゆえ、本当の光の中で自分自身を知るのを助けるため、暗黒の女神が差し出してくれるとてつもない愛を、受けとることができない。私たちが死とみなすものを、老婆は光への再生とみなす。

しかし、最終的に女神の愛がまさり、私たちは彼女も愛すべきだということに気がつく。なぜなら、彼女は私たちの一部だからだ。賢者が太母の暖かい水に身を委ねるとき、平和が訪れるのを私たちは感じる。やがて賢者は、もう一度太母の広大な可能性の海に釣り糸を投げ入れ、新しいものを創り上げるだろう。

未来への道

私たちは地球の歴史において、もっとも創造的な時期の一つにいる。未来はあらゆる可能性に向かって開かれている。私たちがすべきなのは、自分のすべての側面を愛し、受け入れ、心に統合することである。そして、多次元の可能性を秘めた空《くう》へと向かう旅に必要なエネルギーと光を生み出すことだ。太母の心は私たちを待っている。直観が私たちを導いてくれるだろう。そして、私たちの恋人たちは内側で待っている。しなければならないのは、なぜ私たちが今ここにいるのかを思い出すことだけである。

【9章】 新人類の出現

ジェフ・ストレイ

略歴：1982年以来、2012年にまつわる情報を収集し、マヤの予言の意味を研究する。2000年には、収集した資料を一般に公開するウェブサイトを開設、2012年に関するもっとも包括的なデータベースとして話題となる。『古代マヤの暦』（創元社）『Beyond 2012（2012年を超えて）』などの著作がある。以下のエッセーで、2012年以降の世界についてどのようなシナリオを描くことが可能かを明らかにしている。

タイムウェーブ・ゼロ

1971年、テレンス、デニス・マッケナ兄弟は、ごくわずかな文化人類学者だけが知る、シャーマニズムの儀式に用いられるジャングルの飲料を探し求めて、エクアドルの熱帯雨林の奥地に入り込んだ。その飲料は、主成分の蔓《つた》にちなんで命名され、現在アヤワスカと呼ばれている。長時間続いたＵＦＯとの「コンタクト」体験の後、マッケナ兄弟はアメリカ合衆国に戻り、テレンスはエクアドルでの神秘体験の意味を解明するための調査に取りかかった。テレンスがよりどころにしたのは古代中国の占いの書『易経』だった。

『易経』は64卦《け》の図象から成り、それぞれの卦は肯定／否定、男性／女性といった、陰陽――直線と破線で表される――を組み合わせた６本の線から成っており、全部で３８４通りのパターンがある。複雑な数学的手続きを踏んで、オリジナルの文王卦序（＊人生に起こる物事の道筋を理解するために周王朝の開祖文王が作った64の卦の組み合わせ）の情報のすべてを図表化した結果、世界に新しい物事が出現する速度（それをテレンスはノベルティと呼んだ）に独特のパターンがあることを発見し、それを数式化した「タイムウェーブ」というものを生み出した。

タイムウェーブは同じパターンを繰り返しながらも、その時間間隔がどんどん短くなっていくことを特徴とする。これは新しいメディアやファッションが出現する速度がますます早まっている現状を考えれば、容易に納得できることだろう。その変化のサイクルがどんどん短くなっていき、最終的にゼロに行き着くとテレンスは考え、その時点を「タイムウェーブ・ゼロ」と名づけた。マッケナ兄弟は１９７５年、自分たちの理論をまとめた『The Invisible

Landscape（目に見えない風景）』という本を出版し、２０１２年の12月22日をもってタイムウェーブが終着点に達することを明らかにした。

臨死体験

ダニオン・ブリンクリーは１９７５年9月17日、雷が鳴り響く中、電話をかけていた。ちょうどそのとき、雷が電話線に落ち、何千ボルトもの電流が彼の頭から肉体に流れ込んできて、彼は天井近くまで投げ出された。心臓が止まり、病院で死を宣告され、死亡証明書が発行された。シートが掛けられ、死体保安室へ運ばれていった……だがその後、彼は目を覚ました。

臨床的には28分間、死んでいたことになり、当時、書類上に記録された臨死体験としては最も長いものだった。のちにブリンクリーは、トンネルをくぐって明るい光の中へ入っていき、そこで銀色に輝く存在と遭遇したことや、人生を回想するプロセスに入っていったことなどについて話をした。そのとき彼は、13人の霊的存在の前に連れていかれ、３００にもおよぶ未来のヴィジョンを見せられ、そのことを本にまとめた。そのなかには、チェルノブイリの原発事故、ソビエト連邦の崩壊、湾岸戦争、地球の気候変動のヴィジョンなどが含まれていた。そのとき見せられた世界の１１７の大きな出来事のうち、１００のヴィジョンが２００２年までに現実になり、最終的な予言までに17のヴィジョンを残すのみとなった。さらに、シリーズの続編の中でブリンクリーは次のように語った。「2004年から2014年までの間に、もっと正確に言えば2011年から2012年の間に、古くから地球に存在していたエネルギーのシステムが戻ってくる。そして、それは2012年から2014年の間に起こる地磁気のシフトで、頂点に達するだろう」。さらに、その全プロセスは霊的な意識を高めるチャンスを人類にもたらすというのだ。

1975年には、ホゼ・アグエイアスも『The Transformative Vision（変容のヴィジョン）』という本を出版した。その中で、彼は古代から続いてきたマヤ文明の5125年の周期の終わる年が2012年であることを明らかにしている。アグエイアスは、1987年に出版した『マヤン・ファクター』でこの説をさらに発展させ、世界中から多くの注目を浴びた。テレンス・マッケナはマヤの終末論を知らなかったし、ブリンクリーも知らなかった（当初知らなかったが、その後マッケナはマヤの考えを取り入れて、1993年に『目に見えない風景』の改訂版を出版した）。

1987年以降、2012年は世界の終わりであると、さまざまな人たちが言いはじめた。キリスト教では、過去2千年間、最後の審判の日が近づいていると予言されてきたが、西暦2000年が過ぎても、有難いことに世界はまだ終わりを迎えていない。そればかりか、大量のコンピュータが作動停止するのではないかという2000年問題の予測もはずれてしまった。2012年の予言も、今までと同じような偽の予言だと言って笑い飛ばすことは簡単である。

だが、これまでよく知られてきた未来の予言はすべて聖書に基づいたものだが、マヤの長期暦はキリストが生まれる1500年前を起源としている。ブリンクリーの予言は、人類がもっと良い方向に変わりうるということだけではなく、極端な気候変動もありうることを匂わせている。

オルメカとマヤ

メソアメリカ（中米）最古の文明として知られているオルメカ文明の人々は、紀元前1800年から1500年の間に現地に到着したと考古学者たちは述べている。マヤ人が使っていた暦は、イサパと呼ばれる町に住みついたオルメカ人が最初に創り出したものだということに、複数のマヤの研究者たちが同意している。イサパは紀元前1500年から800年の間に人口が増え、紀元前250年頃にマヤ人が住みついた。マヤ研究家のムンロ・エドモンソンによれば、ツォルキン暦（260日暦）は紀元前7世紀に創り出され、20の太陽の紋章と13の銀河の音（数字）の組み合わせからなり、260日で一巡する。それは暦として用いられ、それぞれの日に独特な性質があると考えられている。それらの性質は、該当する日に生まれた人の性格に影響を及ぼすだけではなく、仕事の好みをも決定する。今日、古代マヤ人の末裔は約600万人いるが、グァテマラの高地に住んでいる一部の人々は、何千年もの間、ずっと

260日周期の暦を使ってきた。どうしてこの神聖暦が260日周期になっているのかと尋ねると、マヤ人は「人間の妊娠期間をベースにしているからだ」と答える。

長期暦は2012年問題と密接につながっているだけではなく、ツォルキン暦とも直接関係している。ツォルキンの260日ではなく、260カトゥン（5125年）周期で成り立っているからだ。歴史的出来事が刻まれている最古の石碑には、紀元前36年に相当する長期暦の日付が刻まれているが、エドモンソンによれば、長期暦は紀元前4世紀の中頃までには完全に出来上がっていたという。

長期暦には周期のヒエラルキーがある。20キンまたは20日は1ウィナルまたは20日周期であり、18ウィナルは1トゥン（360日）である。20トゥンは1カトゥンであり、20カトゥンが1バクトゥンとなる。13バクトゥンの直径を持つ銀河ビームが地球を通過した後は、13・0・0・0・0（13バクトゥン、0カトゥン、0トゥン、0ウィナル、0キンと読む）と表記されるマヤの長期暦の「創造の日」に再び戻る。前回の創造の日は、グレゴリオ暦の紀元前3114年8月11日である。これは13バクトゥンの周期の「基点となる日」であり、石碑にはその日からすべての日が刻み込まれている。次に長期暦が13・0・0・0・0に達する日は2012年12月21日である。

歳差運動

マヤ学者のジョン・メジャー・ジェンキンズ（＊マヤの宇宙論、カレンダー学、神話、および天文学を研究するマヤ学の権威。12年間にわたり、グアテマラでマヤ・キチュー族とともに暮らし、言語、民間伝承、および文化的伝統の研究を行なった）は、長期暦が歳差運動の周期を追跡する装置だったと強く主張する。この周期は、23・5度垂直から傾いている地球の地軸が回転する2万6千年周期に対応し、夏至、冬至および春分、秋分の日の太陽の位置に対する星座の動きによって測定される。

２０１２年冬至の13バクトゥンの周期の終了ポイントは、太陽が銀河の赤道上に昇る「36年の窓（１９８０年から２０１６年）」を示している。天文学者たちはそのプロセスの中間点を１９９８年や１９９９年に置いたが、オルメカとマヤはそれを２０１２年に定めた。一部のコメンテーターは、マヤ人が定めた最終地点は13年から14年ずれているが、２０００年以上も前の、テクノロジーが発達する前の社会で計算されたことを考えれば、深い感銘を受けずにはいられないと述べている。だが、あとで説明するが、２０１２年は銀河の配列のプロセスおいて意味深い年であると考えられ、わざわざ選ばれたのにはそれなりの理由がある。

マヤの神話ポポル・ヴフは、すべて破滅で終わった三つの前の時代あるいは三つの太陽について語っている。これはホピの神話の四つの世界に反映されている。だが、マーティン・プレチテルが語るツトゥヒル・マヤの神話では、わたしたちは今、五番目の太陽の時代にいる。さまざまなアステカの神話も、四番目の太陽の時代が終わり、今は五番目の太陽の時代にいると語っている。だが、以前の太陽が何によって破壊されたかは、それぞれの神話によって異なっている（風、溶岩流、皆既日食、洪水など。現在の太陽は地震によって滅びると予測されている）。これらの五つの太陽が、直径およそ3・5メートルもある玄武岩でできたアステカの「太陽の石」の中央に彫りこまれており、その周りには260日周期のアステカ版神聖暦が彫られている。メキシコのチアパス州には、四つの太陽の壁画と呼ばれるマヤの壁画が二つあって、一つはパレンケ遺跡に、もう一つはトニナー遺跡にある。壁画の中央にはドクロのような神が配され、その下には四つの「タッセル（房）」あるいは四つの切断された首が描かれている。四つの首はそれぞれ新しい太陽の再生を象徴している——13・0・0・0・0いう創造の日に生まれる新しい太陽だ。もし、中心に位置するドクロをアステカの太陽の石に彫られた同じドクロと比較するなら、現在の太陽は四番目というより、実際には五番目の太陽、あるいは五番目の世界だと言えるだろう。事実、ジェンキンズは、現在の13バクトゥンの周期は五番目の太陽の時代を表していると主張している。それぞれの太陽、あるいは13バクトゥンの周期は5200トゥンから成り、五つの太陽は合計すれば26000トゥンで、歳差運動の1周期にあたる。

石化するクロノメーター

メキシコ北部に住んでいたトルテカ人は、マヤ人と同じように、260日の暦やハアブ暦と呼ばれる365日の暦を使っていた。260日暦と365日暦では、それぞれの日に名前がつけられている。260日暦と365日暦の組み合わせが一巡するにはちょうど73ツォルキンと52ハアブかかる。その期間をカレンダー・ラウンドといい、トルテカ人は各ラウンドごとに儀式を行っていた。儀式はニュー・ファイヤー・セレモニーと呼ばれており、太陽が天頂（ちょうど頭上に来るとき）を通過する半年前に行われていた。ニュー・ファイヤー・セレモニーはもともと歳差運動の周期を追跡する方法であったことをジョン・メジャー・ジェンキンズは明らかにした。トルテカの知識はアステカに伝えられ、ニュー・ファイヤー・セレモニーのちょうど6カ月前、神官が丘の上に登り、真夜中にプレアデス星団が天頂にくるかどうかを調べたという記録が残っている。もし、プレアデス星団が天頂にくれば、世界は終わることなく続いていくと考えられていた。また、6カ月後、太陽の光で星が見えない日中でも、プレアデス星団が天頂の太陽の近くにあることを彼らは知っていた。

トルテカ人がメキシコの南にあるユカタン半島に移住したとき、自分たちの天頂の宇宙論とマヤの体系を統合し、チチェン・イッツァのククルカンのピラミッドに暗号としてその情報を残した。ピラミッドの四つの面にはそれぞれ91の階段があるが、合計すれば364段になり、一番上の段を含めると365段になる。これが暦と関係しているのは明らかだ。毎年、春分の日の午後になると、太陽がピラミッドの上に影を落とし、まるで巨大な蛇が空からピラミッドに降りてくるかのように見える。階段の最下段にある石の蛇の頭によって、その演出効果はさらに高められる。ピラミッドにできる南米ガラガラ蛇のジグザグ模様は、マヤのアートと建築に多大な影響を与えた。その蛇はまた尻尾の近くに、太陽に関連するマヤのアハウ・グリフ（花の図象）と一致する印をもっている。尻尾そのものはマヤの言葉でツザブと呼ばれているが、それはプレアデス星団を指す言葉でもある。ジェンキンズによれば、ククルカンはマヤではケツァルコアトルと呼ばれ、トルテカとアステカで崇められた、羽根を持った蛇の神である。それは、太陽とプレアデス星団の天頂での結合を表す象徴なのだ。わたしたちは今、天頂の太陽とプレアデス星団がククルカンのピラミッドの真上で結合する「360年の窓」の始まりにいる。「360年の窓」の始まりの日は、蛇の影ができる春分の60日後、2012年の5月20日である。高地に住むマヤの人々に脈々と伝えられてきたツォルキン周期によれば10チチェンの日であり、その日はプレアデス星団と太陽が天頂で結合し、日食が起こるとされている。チチェンは蛇を意味しているが、蛇のガラガラという音は、わたしたちに目覚めの時を告げているかのように聞こえる。

ホピの出現

フランク・ウォータースの『ホピ　宇宙からの聖書』（徳間書店）よれば、ネイティヴ・アメリカンのホピ族は、わたしたちが現在、七つの時代の四つ目——第四の世界——にいて、五番目の世界に移行する時期に近づいていると語っている。一番目の世界は火によって滅亡した。二番目の世界は地球が「バランスを崩した」ことが原因で、洪水が起こり、氷河期がやってきて滅亡した。三番目の世界は大洪水で滅んだ。五番目の世界が誕生する直前には、「大いなる浄化」が起こるだろうと言われている。移行は〝出現〟と呼ばれており、毎年11月には、キヴァと呼ばれる地下の部屋でウウチム祭という儀式が行われる。その儀式で、誕生のプロセスとみなされる「出現」が再演され、「スピリチュアルな再生」が始まる。キヴァの床には、第三世界から第四世界への上昇ないし出現を象徴する穴がある。キヴァから地上へ架けられているはしごは、やがて訪れる四番目の世界から五番目の世界への出現を表している。その儀式はニュー・ファイヤー・セレモニーを含み、プレアデス星団が頭上にくる真夜中に最高潮に達する。この儀式はトルテカ（のちのアステカ）のニュー・ファイヤー・セレモニーとも直接のつながりがあり、ジェンキンズは歳差運動を表現する方法として解釈した。ククルカンのピラミッドの「石の目覚まし時計」に、２０１２年のガラガラ蛇の警告が暗号化されているのと同じである。

セネカ族の伝統を引き継いできた最後のメディスンマンのモーゼス・ションゴは１９２５年にこの世を去ったが、自分の教えを孫娘であるトワイラ・ニッチに伝えた。そのなかには、「１９８７年から２０１２年まで、地球が自らを浄化する25年間の浄化期間があるだろう」という予言も含まれていた。別のネイティブ・アメリカンで「話す風」と呼ばれるニュー・メキシコ北部に住んでいるプエブロ・インディアンは、つい最近、五番目の世界が２０１２年の12月に始まることを承認した。１９８０年代、ペルーの高地アンデス山地に住むパコスと呼ばれるケチュア族の神官たちは、パチャクティ・フォーミュラ——世界の反転——が、１９９０年に始まり、22年間続くだろうと宣言した。

このように、２０１２年は、上の世界と下の世界と日常世界が結合する、タリパイ・パチャと呼ばれる黄金時代の始まりとみなされている。パチャは母なる地球を意味するが、タリパイ・パチャとは、「自分自身に再会する時代」であるとケチュア族は言う。だが、ケチュア・ネイション出身のペルーのスピリチュアル・メッセンジャーであるウィラウ・フェイタは、２０１３年には強い磁気を持った小惑星が地球の近くを通過するため、自分のエゴを克服した人々だけが生き残るだろうと語っている。アフリカのズルー族のシャーマン、クレド・ムトーワにいたっては、もっと大きな災害が起こるとし、レッド・ブルの年（2012年）には、とても長い尾を持ったム・ショ・ショ・ノ・ノと呼ばれる星が戻ってくると語っている。前回それがやってきたときには、大洪水をもたらし、世界が反転した。そのため、「太陽が南から昇り、北に沈んだ」。

地磁気の反転

「地球の反転」とは、じつは、彗星や小惑星の接近、大洪水（または地震や火山活動）のような地上の出来事をともなう、磁極のシフトを指すのかもしれない。地軸の傾斜角（すなわち黄道傾斜角）は4万1千年周期で変化するが、マヤ暦では、そのちょうど8分の1に当たる5125年を一つの周期と見なして、それをさらに13バクトゥンに分割する。1バクトゥンはおよそ400年で、地核の回転周期に相当する。このことは、地磁気の逆転が2012年に起こりうるという推測に導く。地球の地磁気が逆転する機は熟していると考える人は多い。ほとんどの地質学者は反転するには何千年もかかると述べているが、ステーン山の火山活動の記録によれば、地面は1日に6度まで動くことがありうることを示している。つまり、逆転はたった30日以内に起こりうることを意味する。

けれども、ニュージーランドの創世神話は、天変地異説を見直した方がよいことを、それとなく示している。マオリの創世神話は、ある日、人類がぼんやりしているとき、大地と空が衝突し、すべてを破壊すると記している。マオリ族の神話によると、世界はまず大地と空が分かれることによって創造された。そしていつの日か、人類が思ってもみないとき、大地と空が衝突してすべては破壊される、と伝えられる。この出来事は「カーテンが下りる」と翻訳され、世界の終わりとして解釈されてきた。けれども、最近、マオリの若者が年長者たちにインタビューをした際、年長者たちは来たるべき2012年の出来事を予言しただけではなく、マオリの言葉が神話の時代から進化したことを明らかにした。「カーテン」のもともとの意味は「ベール」であり、人が死んで、「ベールの向こう側」へ行ったときにも同じ言葉が使われていた。「下りる（フォール）」は本来、「溶ける、分解する、消滅する」という意味だった。実のところ、予言は「ベールが溶けてなくなる」と解釈するべきなのだ。

スピリチュアル・ウェディング

「世界の終わり」という言葉は、文字どおり「世界の終わり」を意味しているように思われる。言い換えれば、今の時代の終わりということである。ホピの神話では、少なくともまだ三つの時代が控えている。考古学者のローレット・セジョルネは、アステカ人が、再生思想を基盤においたトルテカ人の宗教を誤解していたと語る。再生のシンボルは蛇だ。というのも、脱皮するからである。捕虜の皮を剥いでその皮を身につけるというアステカ人の行為は、いわゆる脱皮を誤って解釈した結果だという。チチェン・イッツァの「石の目覚まし時計」の上にある、羽根を持った蛇神ケツァルコアトルが象徴しているのは、大地（蛇）と空（羽）の結合である。ヒンズー教のクンダリーニ・ヨガの教えに精通しているマリー・スコットは、自らの著作で、そう解釈している。クンダリーニは火の蛇と呼ばれており、脊椎基底部にあるベース・チャクラ（人間の背骨に沿って並ぶ七つのパワー・ポイントの一つ）に、とぐろを3回半巻いて眠っている。クンダリーニはシバ・リンガム（男根）――空から降りてくる男性エネルギーのライン――の周りにとぐろを巻いている。スコットに言わせると、クンダリーニは大地から湧き上がる力である。彼女はさらに、『Pattern of the Past（過去のパターン）』の著者であるダウザー（水脈占い師）のガイ・アンダーウッドが、大地と空のつながりを確証するいくつかの発見をしたことにも注目している。たとえば、ダウザーが発見する地下の鉱脈や水脈はつねに3・5の倍数の渦巻き状になっている。クンダリーニ・ヨガでは、脊椎基底部で眠っている蛇（クンダリーニ）を目覚めさせ、背骨に沿ってクンダリーニを王冠のチャクラと言われる頭頂まで上げていく修行を行う。王冠のチャクラでシバとシャクティが合体し、悟りやサマーディ――エゴや二元的な見方が消え去る境地――に導く。これがマオリ族のいう、「空と大地の神々との出会い」だということはありうるだろうか？　これがインカ人のいう、「天界、冥界と、現世の統合」だということはありうるだろうか？　これがキリスト教のいう、キリストの下降とキリストの花嫁の上昇だということはありうるだろうか？

ケツァルコアトルを崇めるトルテカ独自の宗教は、再生をテーマとしており、長い間人目にふれなかった『Pyramid of the Fire（火のピラミッド。ジェンキンズが再発見し、発行した写本）』と呼ばれるアステカの写本の中で、明らかにされてきた。アステカ人は、エゴの犠牲と心の浄化を意味する比喩を誤解して、人間の生贄が必要と解釈した、とその写本には書かれている。写本によれば、ケツァルコアトルは「神になった人間」であり、誰もが自分のなかに蛇を宿しているという。この蛇は、アステカの太陽神トナティウのエネルギーを象徴している。「この蛇の中に意識が眠り、神が隠れている。この蛇から羽根が生える」。アステカの神話では、ケツァルコアトルは金星と結びついている。ケツァルコアトルは自分を犠牲にして、金星となった。内合（＊地球から見て惑星が太陽と同じ方向に見えるケースのうち、地球、惑星、太陽の順に並ぶとき）のとき、8日間金星が視界から消えるのは、ケツァルコアトルが金星として再び現れる前に地下世界で過ごした8日間と関係している。金星がもっとも明るく輝くのは、8日間姿を消した直後、明けの明星として日の出前に昇るときだ。

このように、金星の動きは再生という概念を連想させる。わたしたちがククルカンのピラミッドを通して見てきたように、ケツァルコアトル、あるいはククルカンと2012年との間にはつながりがある。1518年と1526年に一対の金星の太陽面通過（つねに365日の8倍、すなわち8ハアブ離れている）があったように、二度の金星の太陽面通過（ケツァルコアトルが8日間、姿をくらましているときに起こる）の間にケツァルコアトルが戻ってくることを、アステカ人は期待していたかもしれない。コルテス（アステカを征服したスペイン人）が1519年にユカタン半島に到着したとき、アステカ人は彼をケツァルコアトル（アステカ人はあまりにも字義どおりにケツァルコアトルの神話を解釈した）だと勘違いした。わたしたちは今、また二度の金星の太陽面通過の間にいる。最初は2004年6月8日に起こった。次は2012年6月6日に起こることになっている。これらの通過はどちらも、高地のマヤの人々に脈々と伝えられてきたツォルキン暦のイク（Ｉｋ）の日に起こる。アステカ版の260日暦の中では、イクはケツァルコアトルの一形態であるエヘカトル（羽根をつけた蛇神）だった。したがって、金星の太陽面通過が実際に起こるのは金星の日なのである。次の太陽面通過の直前、プレアデス星と天頂の太陽の結合がククルカンのピラミッド上で起こるだろう。それは蛇の日であり、2012年が、ケツァルコアトルが再来する正しい日であることを確証する。

プラズマに浸る

ダニオン・ブリンクリーが語るところの、「人類がスピリチュアルな目覚めを経験する機会」

は、２０１２年か、きわめて近い年に、何らかのきっかけで多くの人がクンダリーニの覚醒を経験する機会として訪れるかもしれない。何がその引き金となるのだろう？　地球と銀河が直列するプロセスに伴うエネルギー効果だろうか？　ロシアの生化学者サイモン・シノールは、星と地球の位置関係や太陽黒点の周期――２０１２年に太陽の活動は極大期に達する――によって、人間の生化学（および神経化学）的要素が影響を受けるという説を発表した。ジェームス・スポティスウッドが発行した別の科学論文では、銀河の中心が地球と直列するとき、人間のサイキック能力が急激に高まることが指摘されている。

２０１２年問題を説明するためにさまざまな研究者たちが取り上げている現象には、彗星や軌道から外れた惑星および小惑星の接近、銀河の核の爆発、巨大な太陽黒点周期、高周波の乱れ、異例のコンジャンクション（＊地球から見たときに、天体が重なって見える配置のこと）、ミランコビッチ・サイクル（＊地球が受ける日射量の周期的変化で、Ｍ・ミランコビッチが発見した。４万１千年周期の地軸の傾きの変化、10万年周期の地球公転軌道の離心率の変化、２万６千年周期の歳差運動の三つが重なり、日射量の周期的変化が生じ、日射量の極小期と極大期が氷期と間氷期にあたる。氷期・間氷期の天文学的起源説として知られ、統合国際深海掘削計画による堆積物コア、氷河試料の解析との関連で改めて注目されている……『知恵蔵２０１０』より）などが含まれている。

そうした中で、ダニオン・ブリンクリーの予知ともぴったり重なり、科学的に根拠のある説もある。ロシアの地質学者、アレクセイ・ドミトリエフは、だんだん大きくなっていく地球の気候の変化、地震現象、さらには最近の地磁気の変化を分析した。また、太陽の変化や太陽系の他の惑星における気候や磁場の変化についても調べ、こう語っている。つまり、太陽圏の偏向した星間プラズマの層が10倍にも増大しているということは、太陽系が磁気プラズマの領域に向かって進んでいることを示しており、それが気候や他のパターンを変化させる原因になっているのだ、と。さらに、大気圏でプラズマ・ボールが増えている現象は、三次元世界を超えたプロセスとの相互作用を含む切迫した「地球の変容」のしるしであるとドミトリエフは述べている。

驚くべきことに、臨死体験をして2012年に関連する地球の変化や意識の変化のヴィジョンを見た人物はブリンクリーだけではない。ケン・カルブは1969年に臨死体験をしてさまざまなヴィジョンを見、『The Grand Catharis（グランド・カタリス）』という書を著した。そこには、2012年へといたる意識の変化——その間に地球自身が臨死体験をするのを彼は見た——や地球の再生が記されている。カサンドラ・ムスグレイヴは1992年、水上スキーの事故で溺れた時に臨死体験をし、2012年に向けて地球の変化が加速していくヴィジョンを見た。パム・レイノルズは脳腫瘍で危篤に陥ったときに臨死体験をし、意識が戻ってから、地球の変化や意識の変化、さらに2012年における物理学の飛躍的進歩について語った。

フィリス・アトウォーターは三度の臨死体験をした上にクンダリーニの覚醒も体験した。彼女はその後、臨死体験の研究者になり、子どもの臨死体験に関する調査を続けているが、子どもたちの予言も2012年頃に最高潮に達する。彼女はさらに、インディゴ・チルドレンと呼ばれる子どもたちの研究も行っている。インディゴ・チルドレンとはサイキックな才能を持った子どもたちで、これまでになくたくさん生まれつつある。サイキックな子どもたちも、臨死体験から戻ってきた人たちと同じような資質を示すと彼女は語っている。彼らは新たな進化の段階の先駆者なのだ。

オメガ・プロジェクトと呼ぶ膨大な臨死体験の研究を終えたケネス・リング博士は、臨死体験をした人々の永続的な変化は、自尊心の高まり、利他性の発達、物欲の減少、心の解放、霊的な信念や宗教的信念への寛容性、テレパシーや透視や予知能力の発達、その他のサイキック能力の発現などからなると述べている。博士は、この先、蘇生術が進歩すれば、もっと多くの人々が臨死体験をするようになるだろうと語り、ルパート・シェルドレイクの形態形成場の仮説を引用し、臨死体験者の数が臨界値に達するだろうと述べている。これは形態共鳴（＊直接的な接触がなくても、ある人や物に起きたことが他の人や物に伝播するという説）の瞬間である。臨界値に到達したとき、人類の意識の変化は種全体に共有されるだろう。

トルトゥゲーロの予言

２００６年4月、トルトゥゲーロの遺跡にある古典期マヤの重要な碑文が公式に解読された。マヤの研究者たちは約30年間にわたって、この「モニュメント6」と呼ばれる碑文の存在を知っていたが、碑文研究者デイヴ・スチュアートが新たな解読を試みたのは、オンラインの専門家によるディスカッション・グループで文化人類学者のロバート・シトラーが疑問を投げかけたのがきっかけだった。碑文は損傷を受けているため不完全だが、かなりの部分が解読された。「13番目のバクトゥンは3番目のカンキンの4アハウに終わるだろう。そのとき、【……】が起こるだろう。〔それは〕神〔々〕【……】９人の支持者の【……】への降下になるだろう（【……】は不明箇所）」。

長期暦、ツォルキン暦、ハアブ暦を相互に参照すると、この日が２０１２年12月21日であるのは間違いない。この後期古典期の碑文は、征服後に書かれたチラム・バラム（ジャガーの神官）の書の予言と一致している。マヤの長期暦はスペインの侵略後、使われなくなった。13バクトゥン（２６０カトゥンから成る）周期の代わりに、マヤ人たちは13カトゥン（２６０トゥンから成る）周期を使っていた。マヤの学者はこれを短期暦と呼ぶ。チラム・バラムの著作ティシミンを解読したモード・マケムソンは、短期暦の終わりに関連する予言は、もともと、長期暦の13バクトゥン周期の終わりにまつわるものにちがいないと述べている。チラム・バラムの予言は、トルトゥゲーロの予言と同じく、13バクトン周期の終わりに神が戻ってくることを予見している。つまり、カトゥン4アハウ（＊短期暦のシステムでは、カトゥン〈20年弱〉周期の最終日の名前〈ツォルキン暦における日付〉をそのカトゥン全体の名称にするのが慣例である。したがって、この場合、「カトゥン4アハウ」とは、一つ前のカトゥンの終わりである1993年4月5日から、2012年12月21日までの20年弱の期間〈7200日〉の期間を指す）の時にククルカンが戻ってくることを予言しているのだ。これはわたしたちが、現在突入している2012年までの20年周期に相当し、臨死体験者が見た予言の20年と同じである。マケムソンの翻訳では次のように書かれている。

やがて13バクトゥンは船出するだろう……すると、神が自分の子どもたちのところに尋ねてくるだろう。13バクトゥンの最後の日々……おそらく神は「死後」について説教するだろう……わたしは真の神々の言葉をあなたに語ろう……日が逆さまになり……石が落下し、天と地がすべて火に焼き尽くされるだろう……そして死者がよみがえるだろう！　年を取って死んだ者たちは、ただちに天国に昇天するであろう。（『The Book of the Jaguar Priest : A Translation of the Book Chilan Balam of Tizimin』New York : Henry Schuman, 1951）

ククルカンの帰還は、集団でのクンダリーニの覚醒体験をほのめかす。そして他にも、地球の変化や臨死体験者の増加が、わたしたちをポスト人類の状態へと突き動かすと語る予言はある。

第三の目が開く

２０１２年に関する予言は、臨死体験をした人々からもたらされているだけではない。幽体離脱、明晰夢、遠隔透視、深い瞑想状態、催眠、地球外生命体によるアブダクションなどを経験した人たちも、同じように述べている。その謎を解く鍵は、人間の神経系にあるかもしれない。テレンス・マッケナは幻覚をもたらすキノコを食べたとき、２０１２年の情報にアクセスした。マヤ人たちも、シロシビン――ジメチル・トリプタミン（ＤＭＴ）と密接に関わる合成物――を含む、同じキノコを使っていた。リック・ストラスマン博士は、誕生や死、地球外生命体との遭遇を含む神秘体験の際、人間の脳の中心にある松果体（地磁気の変化にとても敏感に反応する）から血液中にＤＭＴが分泌されることを最近確認した。フィンランドのクピオ大学のキャロウェイ博士は、ストラスマンの発見を支持し、「臨死体験や幽体離脱や死そのものは、松果体からピノリン（＊メトキシル化されたトリプトリン）やＤＭＴや5-meO-DMT（＊正式名を5Ｎ、Ｎ-メソキシジメチルトリプタミンといい、最強の幻覚物質と言われるＤＭＴの更に強力な類似物質）

が分泌されることによって起こる」ことを立証したと述べ、明晰夢もＤＭＴによって引き起こされるとしている。ピノリンと5-meO-DMTは、松果体によって生み出される強力な幻覚物質である。ピノリンはまた、ニクズク科のヴィロラ（＊アヤワスカの成分の一つ）の中にも含まれている。アヤワスカの蔓自体がハルミンと呼ばれるピノリンにとてもよく似た分子を含んでいる。事実、ハルミンはその蔓から最初に抽出されたとき、その幻覚作用のためにテレパシン（＊テレパシーの由来となっている）と呼ばれていた。だがのちに、シリアン・ルーから同じアルカロイドがすでに抽出されており、ハルミンと名づけられていたことがわかったのである。

わたしたちが磁気プラズマの層に入り込むことによって、地球の気候変動や地磁気の反転が起こり、それが引き金になって松果体からＤＭＴやピノリンが分泌され、クンダリーニの覚醒や幽体離脱の体験がもたらされるということはありうるだろうか？　また、ベールの向こうの見えない風景を見る能力が発達し、テレパシーが頻発するということはありうるだろうか？

マヤのシャーマン、南北アメリカのメディスンマンや神官たちは、恐らく、地球のメガマインド――母なる地球の発達した意識――にアクセスするために、ＤＭＴやピノリンの分泌を促すことができた（あるいは、シロシビンやアヤワスカ――ＤＭＴやピノリンを含むジャングルでとれる飲み物――を使って同じ結果を引き出すことができた）。突き詰めれば、13バクトゥンの周期は２６０単位の周期であり、人間の妊娠期間に基づく２６０日周期の神聖なツォルキン暦に関連しているのだ。そうしてみると、13バクトゥンの周期は、５１２５年に及ぶ惑星の懐胎期間を測るものかもしれない。これは人類の文明の歴史に相当する。

ピーター・ラッセルによれば、人間のニューロンには10の10乗の分子が含まれており、人間の脳の新皮質には10の10乗のニューロンが含まれている。現在、地球の人口は10の9乗を超え、10の10乗に向かっている。臨界値（10の10乗）に近づくと、部分は自己のアイディンティティ（エゴ）を失い、もっと大きな全体の一部になる。このように地球は自らの新皮質になる新しい人類を生み出そうとしている。わたしたちはテレパシー的なつながりをもったグローバル・ブレインのニューロンになるのだ。

【10章】

蛇はいかにして脱皮するか

ダニエル・ピンチベック

略歴：作家、コラムニスト。ニューヨーク・タイムス、エスクワイア、ヴィレッジ・ボイスなどにエッセーを寄稿。現在、オンラインマガジン「リアリティ・サンドイッチ」編集長を務める。２００７年に出版した著書『2012：The Return of Quetzalcoatl（２０１２年：ケツァルコアトルの帰還）』が話題となる。彼は現代におけるシャーマンの役割を取り上げ、２０１２年をめぐる「奇抜な思考実験」を探求する旅に乗り出している。そして、自ら幻覚剤を体験することも含め、徹底的な調査を行っている。

前例のない時代

これからの数年間で、自殺する人がいなくなり、宇宙との一体感が体感できるようになり、地球規模で調和のとれた平和な文明が築かれ、ディープエコロジー（＊心の発達にともなうエコロジー）が実現し、儀式によって集団で変性意識を体験できるようになると言ったら、あまりにも現実離れした話と考える人もいるかもしれない。だが、人類の思想史を検証すると、はじめは過激でばかげているとか理解不能とされた思想が、あっというまに常識になり、自明の理にすらなるという驚くべき傾向があることがわかる。その結果、新しい状況が出現したり、社会構造が変容したりするのだ。

たとえば、18世紀以前の人々は雷について知っていたが、電気は生活に利用できるとか、世界を変えるエネルギーになりうると考える者はいなかった。しかし、一旦誰かがそのからくりを発見すると、産業革命が起こり、２００年も経たないうちに地球全体が変わった——進化のタイムスケールから見れば、まばたきにも満たない時間だ。同じようなことが、もっと凝縮したタイムスケールで、ふたたび起こっても不思議はない。

人類は今、前例のない時期を迎えようとしている。前世紀における物質的進歩は、生物圏の許容範囲を超え、差し迫った未来を危機にさらしている。一方、現代人にとっては驚くべきことに、世界中の先住民文化には、この危機的時代を認識し、その深い意味を洞察する予言や神話が伝えられている。先住民の世界観によれば、人類は今、宇宙時代に移行しつつある。この転換は、地球が物理的に変化するだけではなく、人間の意識が高次のレベルに変容する通過儀礼的な死と再生のサイクルをも含んでいる。

現代が重要であるという認識は、マヤ暦の中に暗号化されて、伝えられている。マヤ暦では、2012年の12月21日に、13バクトゥンの大周期が満期になるとされるのだ。古典期のマヤは、メキシコからグァテマラにかけてのユカタン半島に洗練された文明を創り出し、9世紀に忽然と姿を消した。その原因はいまだ謎に包まれている。わたしたちの文明は次々に問題を生み出しているが、古典期のマヤのように神話をよりどころとするテクノロジーに頼らない社会が、重要な点で現代人の知識よりも進んだ、まったく異なる形態の知識を発展させたらしいことは、驚くべきことである。

岐路に立つ人類

アカデミズムに属さない現代の研究者たちは、マヤ人が宇宙の周期を的確に把握し、それが人間の発達パターンの周期と連動しているという仮説を立て、研究を進めてきた。ジョン・メジャー・ジェンキンズ、カール・ヨハン・コールマン、ホゼ・アグエイアスらは、それぞれの著作の中でその仮説を取り上げ、綿密な検証を加えてきた。

わたしは、現代社会が「不合理な合理性」——心霊的な次元やスピリチュアルな次元を厳しく抑圧する演繹的な経験主義——の上に築かれたことを、『Breaking Open the Head（頭をこじあける）』、『2012年：ケツァルコアトルの帰還』という2冊の著作の中で、徹底的に追求した。初期の文明やシャーマニズムをベースとする文化は、携帯電話やiPodを作ることはできなかったかもしれないが、宇宙とホリスティック（全包括的）な関係をもち、「上の如く、下も然り」という錬金術的なつながりの中にいた。彼らは自分たちの知恵の伝統を記念碑的な構造物に結晶化させた。イングランドのストーン・サークルやマヤのピラミッドがその代表的な例だが、それらの建造物は緻密に調整された天文学の設備であり、儀式で中心的な役割を果たした。彼らはまた、幻覚作用のある植物などで非日常的な意識状態を体験し、治癒や占いを行った。

現在、インドや中国の多くの人々が、歴史上はじめて西欧型の物質的な豊かさを享受しはじめているが、他方で、ヨーロッパやアメリカの一部のエリートたちは、生態系の持続可能性、現代医学に代わる新旧の代替医療、霊的な修行といったものに興味をつのらせている。サイケデリックの時代と言われた1960年代、シャーマニズムや変性意識の体験が人々の注目を浴びるようになったが、それから40年経つ今日、意識を覚醒させるために、失われた伝統の諸要素をよみがえらせ、シャーマニックな修行やタントラ、ヨガ、その他古来の先住民の技法などを探求する人は、ますます増えている。こうした変容プロセスの最前線に立つ人々は、神話に基づく先住民文化で受け継がれている体験的な儀式に参加することや霊的な知恵を知ることが、わたしたちの人生に重大な意義をもつことに気づいている。わたしたちは1世代前に始まったイニシエーションの旅の新しい局面にさしかかり、分離の幻想から目覚めるチャンスを手に入れたのだ。

マヤ人がそう解釈していたかどうかはともかく、人類が種として史上最大の重要な岐路に立たされていることはまぎれもない事実である。２００６年から２００７年にかけての冬だけでも、気候変動はティッピング・ポイントを越えたように思われる。ニューヨーク市の12月初旬の平均気温は、前年より15度も高かった。例年、セントラル・パークでは3月まで咲かない花が咲いた。これらは、現在の痛々しい不都合な真実を示すもっともわかりやすい例にすぎない。にもかかわらず、官僚や企業の最高責任者たちは依然としてそれらの真実を隠蔽している。

４００年に及ぶ現代文明のパラダイムが終着点に辿りついたのは、だれの目にも明らかだ。地球規模で根本から組織を作り直し、速やかな変革を遂げなければ、これまで多くの種が辿ってきたように、人類はすぐにでも破滅に向かうだろう。気候変動が加速し、北極や南極の氷が解け、熱帯雨林の伐採が続けば、30年以内に地球上の生物種の25パーセント以上が絶滅してしまうだろう。地球上からカエルなどの両生類が消滅するということは、わたしたち人類を含め多くの生命が生存できなくなることを示している。純粋に合理主義的観点から分析すると、これからの数年間は人類にとって決断の時期となるだろう。ほとんどのアメリカ市民や、アメリカ大陸以外に住む何億もの人々は、統制された情報娯楽番組に催眠をかけられて、夢遊病者のようにスーパー・マーケットの通路を歩きながら、今後も急激な破綻はなく、現状を維持できると考えている。

差し迫った危機に対しては、無頓着であったり真剣に考えなかったりするのが一般的な反応とはいえ、代案となるヴィジョンを思い描くことはできる。避けることのできないカオスや崩壊のように思えるものは、実際には、人類の意識進化に伴う自然なプロセスなのだ。わたしたちがこの人生で経験するよう運命づけられているのは世界の終わりではなく、人類のより高次の精神の誕生なのだ。わたしたちは、意識進化のドラマを観ている無力な観客ではなく、ドラマの結末に直接影響を及ぼす重要な役者である。

以下で、わたしは、サイキックな現実だけではなく物質的な現実にも基づく、代案となるパラダイムの全容を描き出したい。さらに、手遅れにならないうちに実践すれば、人類の未来に肯定的な影響を及ぼしうるテクニックを簡単に紹介しよう。前衛に立つエリートが、すべての障害や前提条件をクリアして状況をよく把握し、協調して効率的にこの新しいパラダイムを地球全体に広めれば、好ましい結果がえられるかもしれない。

三つの潮流

わたしは自著『2012年：ケツァルコアトルの帰還』の中で、現在、人類の意識の形態や存在のあり方が、新しいそれに移行していく過程にあると述べた。経験的な科学的思考を発達させてきた予期せぬ副産物として、現代人は、宇宙を機械のようなものとみなし、直線的な時間認識に捉われてきた。その結果、スピリットや直観を否定してしまっている。

メソアメリカの神話に登場する羽根の生えた蛇、ケツァルコアトルは、鳥と蛇の遭遇、すなわち天界と地上の結合を象徴している。同時に、この元型（アーキタイプ）は、経験的な合理的思考と直観的でシャーマニックな秘教的知識との統合を表している。わたしは「ケツァルコアトルの帰還」という仮説の証拠になるものを、さまざまな分野や多様な哲学的伝統から集め、きわめて重要な指標となる三つの潮流を導きだした。

第一の潮流は、上述したように、気候変動の加速化、種の絶滅、資源の枯渇などを含む生態系の危機だ。

第二の潮流は、新しいテクノロジー、とくにコミュニケーションやメディアのテクノロジーの急速な発達である。これはソーシャル・ネットワークから携帯電話まで含まれるが、ナノテクノロジーその他の将来的な技術には危険性がともなっている。

新しいメディアやコミュニケーション・ツールの出現は、社会組織の新しい形態を生み出し、人間の精神も大きく変容させていく。これは歴史を思い浮かべてみれば明らかだ。話し言葉は種族文化を生み出し、書き言葉は階級社会を生み出した。そして、印刷技術の発明によって、大衆民主主義が出現した。今日、携帯電話、インターネット、ソーシャル・ネットワークの活用が、微細でありながら深遠な方法で、人間の意識をフォーマットし直している。わたしたちはこうした新しいテクノロジーにどっぷりつかり、それらを用いるのが習慣になってしまっているので、どんな影響を受けているかを分析するのは至難の業である。

新しいツールは、個人のアイデンティティの形成に影響を及ぼし、自己感覚を刷新させるとわたしは考える。前世紀中に、西洋人は独立した個という峻別された感覚を発達させ、その結果、自然界から疎外され、実質的に孤立した。新しいコミュニケーション・ツールは、自我の境界を和らげ、拡散させる。ネットワーク化されたライフ・スタイルが普及していくにつれ、わたしたちは自分のアイデンティティを、固定された不変の分離したものではなく、関係性によって内容を変える流動的なものとして経験するようになる。

アイデンティティは社会によって構築される、と学者たちは長い間主張してきたが、情報化社会の下ではそれがますます顕著になる。わたしたちの自己感覚は、より大きなつながりのネットワークに依存しているため、第二の皮膚のようにわたしたちを包み込むメディアは、世論や自他の境界、倫理体系などを、絶えず作り換えている。エレクトロニクス・メディアの仮想空間は、感覚を麻痺させるほど情報を繰り返し流すことによって、かつて非難されていた行動、たとえば、政府公認の拷問のようなものを社会的に容認させる可能性がある。メディアやコミュニケーション・ツールが人々の精神を統合するにつれ、集団妄想の危険が大きくなっていく。だが、鳥の群れが危険に遭遇すると見事な協調性を発揮するように、新しい社会運動やより純粋な意識が急速に広まる可能性もある。

第三の潮流は、主観的にのみ感じられることなので、理解しがたいと思う人も多いし、数値で表すこともできない。だが、進化は精神の中でも起こっている、とわたしは確信している。その一つの兆候として、シンクロニシティやテレパシー、あらゆる種類の心霊的・超常的現象が急激に増加していることが挙げられる。このような微細なレベルの現象を感知する人々にとっては、物質的リアリティの密度が薄くなっているように感じられて、よりサイキックな反応を起こしやすい。

物質と意識をへだてるベールは薄くなりつつあり、浸透性が高まっている。これは、テクノロジーの急速な進化を考えれば明らかだ。テクノロジーは、わたしたちの「思考形態」を、ますます速い速度で現実化することを可能にする。それが文字どおり起こっているのは間違いない事実である。50年前、複雑な形状を持つ彫像や楽曲を発案したら、完成まで何年にもわたる努力が必要だった。だが今日なら、素材さえもっていれば、デジタル処理によって、どんな形や音的環境でも数時間で生み出すことができる。テクノロジーの進歩によって、想像したものは以前よりも正確に素早く具現化されるようになり、サイキックな世界と物質的な世界との交流が盛んになる。

心の変容

心の転換は、現実を変える。わたしたちが元型の領域や、量子力学によって定義されている高次の時空連続体の自覚をもつようになると、周囲の現実が異なった様相を帯びるようになる。世界が無意味な偶然の出来事の連続ではなく、グノーシスの寓話に出てくる曼荼羅模様の渦として経験されるようになるのだ。測定できる物質的な現象とは異なり、こうした精神エネルギーの強化は、わたしたちがそれに意識を集中させなければ起こりえない。科学者ルパート・シェルドレイク（＊イギリスの生物学者。生物の同一種が同じ形態になるのは、形態形成場に時空を超えた共鳴現象が起きることによる、という仮説を提唱し、大きな反響を巻き起こす）の言葉を借りれば、サイキックな能力の「形態形成場」は、より多くの人びとがそれと相互作用し、注意や意識を向けることによって力を増すのだ。

20世紀、心理学者のカール・ユングは「精神が実在すること」を悟った。シンクロニシティその他の心霊現象を通して、心と現象世界、サイキックなものと物質とがつながっていることに気づいたのだ。ユングは人間の精神に深い変容が起こっていることを理解した。

ユング派の理論家エドワード・エディンガー（＊アメリカでもっとも影響力のある心理分析家。邦訳書に『心の解剖学』がある）によれば、わたしたちは今、「黙示録の元型」を経験しているという。黙示録という言葉は破壊を暗示するものとして知られているが、「明らかにする」「覆いをとる」という意味もある。否定的な元型としてのそれは、従来の思考や存在のあり方の破壊を表す。肯定的な元型としては、重大な出来事——「自己（Self）の覚醒」——を表している。ユングのモデルにおける「自己」は、意識と無意識を含んだわたしたちの心の全体性を表している。わたしたちの限定されたエゴは自己の覚醒を恐れているが、その反面、自己を具現化することにも憧れている。ユングが『ヨブへの答え』や他の著作の中で語っているように、キリスト再臨の元型はエゴと「自己」の融合を意味している。それは歴史的時間の中で起こるプロセスであるにもかかわらず、時間には影響されない。キリストはこの逆説を「その時が来る。今がそうだ」（ヨハネの福音書4章23）と表現している。

マヤ暦の終わりが、歴史的時間におけるこの元型のプロセスの完成を告げるものだとすれば、これからの数年間の旅路は、人類の精神にとってきわめて重要な道のりとなるだろう。今日、ほとんどの人々はエゴが定めたゴールを自分の進む道だと考えている。この黙示録的なプロセスが完成すれば、わたしたちは自分自身を統合された意識の場のフラクタルな表現として、また、自分の行動や思考によって絶えず変化する、惑星の生態系――ガイアの精神――の一部と見なすようになるだろう。そうした思想を集合レベルで共有できれば、人類は信念体系の違いにより戦争や征服に駆り立てられてきた歴史を乗り超えるだろう。そして、地球部族として一体となり、地球共同体の中で、すべての成員に平等な権利や地位を保証するだろう。内輪もめを解決した人類は、新たな神話、新たな仲間、新たな存在の次元を発見する銀河文明に入っていく準備ができるだろう。

人類の集合意識にそのような大転換を起こすには、きっかけとなる衝撃的な状況が必要である。それは産道の収縮が分娩を可能にするのに似ている。今後数年でこのプロセスがどのように展開していくかを知るための最もわかりやすい説明は、スタニスラフ・グロフ（＊LSDセラピーにより、トランスパーソナル心理学の誕生に貢献した実践的心理学者）の変性意識と分娩前後のマトリックスの理論を発展させた、クリストファー・バシェ（＊アメリカの宗教学者、意識研究家。ヤングスタウン州立大学で宗教学の教授を30年間務めた）の名著『Dark Night, Early Dawn（暗い夜と夜明け）』にある記述だ。バシェはLSDセラピーの中で一連のヴィジョンを見た。環境の激変により社会が崩壊し、その後、惑星文明として再結晶化するというヴィジョンである。

「地球を襲ったその出来事はあまりにも大規模なものだったので、誰一人として逃れることはできなかった。警戒レベルは種全体にまで及び人類全体が危機に晒され、最終的には生き延びるだけで精一杯という状況に誰もが追い込まれた」とバシェは書いている。その危機を乗り切るために、新しい協力的な社会構造や拡大家族のモデルが発展した。「あたかも、生態系の危機が人々の心を結びつけ、より深い新しい自己意識が生まれるのを可能にしたかのようだった」。さらにバシェは驚くべき出来事について簡潔に語っている。「過去の歴史はもはや参考にならなかった。出現しつつある新しい形態は、一時的な変種ではなく、永続する心理社会構造であり、意識が自らを覚醒させていく長い旅路の、次なる進化のステップだった」。カール・ヨハン・コールマンがその著『マヤ暦が終わるのは、２０１１年10月28日だった』の中で解説している時間枠にしたがえば、２００８年から２０１０年にかけては、古い構造が崩壊し、人類の新しい意識の形態が出現する重要な時期である。

もちろん、この予言めいたパラダイムは実際に起こるまでは理論上の話である。わたしたちは一人ひとり、その予言に妥当性があるのか、仮にありえるとしたら、自分たちの生活にどんな影響があるのかを考えなければならない。わたしのように真剣に受けとめるなら、危機が近づくにつれ、矛盾した事態に直面させられるだろう。テクノロジー崇拝の悪夢から逃れ、田舎の共同体に引っ越して農業を学び、現代社会が失った生きるための基本的なスキルを取り戻そうと考えるのが、考えられる反応の一つである。これは一部の人にとっては最高の選択かもしれないが、多くの人にとっては、家族や家計の事情から無理な選択である。わたしの直感では、恐怖から生まれたせっかちな行動は、裏目に出る可能性がある。先見の明がある人々は、この過渡期を、人類の集合意識を新しく方向づけるためのすばらしい機会ととらえ、そしておそらくその責任を果たすだろう。崩壊が始まる前に、未来につながる「永続的な心理社会構造」の構築にとりかかれるかもしれない。当面の状況に対処するためのツールだけでなく、より深い自覚が広まれば、バシェやコールマン、暗黒郷を描くJ・G・バラード（＊上海生まれのイギリス人SF作家。独特の比喩を用いて破滅していく世界を描くその作風が多くの人に支持された。『結晶世界』『太陽の帝国』などの邦訳書がある）やコーマック・マッカーシー（＊『ザ・ロード』でピュリッツァー賞を受賞したアメリカを代表する現代作家）その他の小説家たちが訴えてきた危機の破壊的な影響を激減できるだろう。

物質的な面では脅威に思えるが、銀河文明へと向かうこの移行期の根底にあるのは、精神内の現実である。2012年に近づき、精神と物質とが相互に浸透するようになれば、わたしたちの意識レベルや意志力が、この広い世界の舞台でどのような出来事が起こるかを決定するだろう。もし、この移行を通過儀礼的な試練として受け止めるならば、危機的な出来事が起こっても、わたしたちはますますリラックスし、生気にあふれて明晰になり、慈悲深くなるという矛盾を受け入れるだろう。

このような試練に必要な心構えは、学者のゲオルグ・フォイアスティン（＊ドイツ系カナダ人のインド学者。神秘主義、ヨガ、タントラについての本を多数著した。『聖なる狂気　グルの現象学』）が言うところのタントラ（＊インドに古来から伝わる宗教の経典と行法に関する規則を総称してタントラと呼ぶ）の知恵である。「〝輪廻とニルヴァーナは一つである〟というタントラの公式は、すぐれた知恵によって現象世界が見通せるようになるという認識の転換をほのめかす。もはや物事は孤立し分離しているとはみなされない。すべては一体とみなされ、そのようなものとして理解され、生きられる。たとえ違いがあるように見えても、それらは同じ存在の別の側面、あるいは別の顕れとみなされる」と彼は書いている。錬金術やシャーマニズムの根源的なテクニックと、ヴェーダや仏教の非二元論の哲学を融合させたタントラの思想からすると、実在とは、わたしたちが何を知覚することを選ぶかの問題である。もし輪廻がニルヴァーナであるなら、森羅万象はつねに展開するがままに生じている。

タントラの修行者は、火葬される死体であろうと、派手なダキニ（ヒンズー教の女神）であろうと、すべての「他者」を自己の一側面としてとらえる。そのような視点に立つと、問題は一切存在しないし、差し迫った危機も存在しない。事実、恐怖に基づく反応は現状の否定的な側面をさらに悪化させるだけにすぎない。わたしたちが自分と世界のために、変容のプロセスに最大限貢献するには、性急な判断や否定的な投影をせず、不安に左右されない存在にならなければならない。

わたしたちが世界を助け、人類のトラウマを癒すことに貢献できるかどうかは、己を熟知し、心の平安や、仏教が「無執着」と呼ぶ境地に達することができるかどうかにかかっている。無執着とは、微妙だが深い意味で無関心とは異なる。無関心は冷淡で感情の欠落をほのめかすが、無執着の人は苦しみや喜びの感情を存分に味わう。ただ、それらの感情に同一化しないだけなのだ。

わたしたちに必要なのは、無感覚で知的な「スピリチュアルな人間」や「サイキックな人間」に変貌することではない。精神性と身体性を兼ね備えた全体的な人間へと変容するプロセスを辿ることなのだ。人類は燃え盛る変容の炎に、知性だけではなく、心も開くよう求められている。この試練を自ら進んで受けようとする人は、犠牲よりもはるかに大きな報酬を受け取るだろう。

時間の流れが加速する中で、人類社会の大規模な変容を可能にする暫定的なシステムを思い描き、構築しようとすれば、困難の数々に直面することになるだろう。「持続可能性」という言葉は今や流行語になったが、現在の人口のレベルで真に持続可能な地球文明を生み出すための戦略を、わたしたちはまだもっていない。預言者、環境学者、急進的な経済学者、デザイン・サイエンティストらの仕事に、そのような計画の断片が見出される。これらのバラバラのプロジェクトを寄せ集めて、一つの包括的なモデルに仕立て上げることも可能なはずだ。ただし、どんなアプローチをとるにしろ、それは固定されたものではなく、変化や不確定性に対応できるものでなければならない。

１９６０年代に始まった現代人のイニシエーションの旅は、現在、第二ステージにさしかかっている。それゆえ、個人と集合のレベルで、シャーマニズム的な死と再生のサイクルを潜り抜けることが予想される――これは、ユング派の人々が個性化と呼ぶ「自己」の受容プロセスである。過去数十年、退行的で権威主義的な思想をもった人たちは、個人の責任を否定し、偽善的な信念体系を奉じることで、個性化のプロセスを完全に回避してきた。その一方で、巧みに団結し、世論や政策に有害な影響を及ぼしてきた。対照的に、革新主義者たちは心理的なコンプレックスのせいで機能不全に陥り、結束して力を発揮できないでいる。現時点では、左派の人々――あるいは少なくとも大多数の重要人物や政界の実力者たち――は「個性化」のプロセスを完全には潜り抜けていないようだ。非政府組織（ＮＧＯ）や非営利組織（ＮＰＯ）は、分裂を克服するというより、特定の運動に忠誠を誓い、執着している。そのため、大きなスケールで効率よく協力し、共通の目標に向かうことができずにいる。特定の問題に取り組む進歩的なキャンペーンは、得てしてその根本原因を無視することが多いのだ。より有益な態度は、

「永遠回帰の人生の中で善悪を超えて自らの確立した意思でもって行動する人」というニーチェの超人の定義にそのヒントがあるかもしれない。

現在、アメリカの威信は衰えてきているが、大衆文化はグローバルな影響力を保ち続けている。アメリカで超絶主義（＊1830年代後半から60年代にかけて、R・W・エマソン、ソローらによって主張された19世紀アメリカ・ロマン主義思想。人間の内面の神聖さや、神、自然との交流、個人の無限の可能性など、人間の明るい側面を主張し、日常的経験を「超絶」した直感による真理の把握を訴えた）が復活すれば、精神革命が起こるかもしれない。そうすれば、現在、大衆の意識をコントロールするメカニズムとして働き、貪欲な物質主義という低レベルの波動に大衆の意識を押しとどめているとてつもないエレクトロニクス・メディアのパワーが、ポジティブな変化を引き起こす超強力な力に変貌するかもしれない。これは既存のメディアの回路を通して起こる可能性もあるし、インターネットやテレビに新たなチャンネルを作ることで起こる可能性もある。

新しいヒッピー・ムーブメントとして、緑化運動、DIY（do it yourselfの略語）アプローチによる問題解決、平和主義、霊的成長などをパッケージ化して推進させる、巧みなマーケティング・キャンペーンが登場するかもしれない。革新的メディアは大衆を時代遅れの信念体系や操作的なイデオロギーから脱却させる一方で、パーマカルチャー（＊オーストラリア人のビル・モリソンが提唱した持続可能な農業の手法。人間にとっての恒久的持続可能な環境をつくり出すためのデザイン体系）から形而上学まで、さまざまなトピックについての教育をほどこすだろう。問題解決や非暴力のトレーニングも不可欠だろう。現在の社会的枠組みが崩壊したとき、さまざまな社会集団の人々が、苛立ちを暴力で表現するという、時代に逆行する誘惑に駆られるかもしれない。トーマス・ハートマンの『ウエティコ・神の目を見よ』（太陽出版）によれば、現在の社会システムをつなぎとめているのは、突き詰めれば「低カロリー」である。カロリーが不足すると、間違いなく気も短くなる。新しいメディアのパラダイムはポジティブであるだけではなく、先見の明をもち、思いやりや忍耐の大切さを広く知らせる一方で、公平で平等な未来への希望を植えつけるものでなければならない。もしメディアが新しいメッセージを地球上の隅々まで行き渡らせるために、ギアを劇的にシフトさせるならば、とてつもない反響があるだろう。

インターネット上のソーシャル・ネットワークの普及は、まだ道半ばながら将来性を秘めており、新しい社会のパラダイムや協調的な社会基盤をつくる土台となって、危機の際、資源と人力の適切な編成を可能にするだろう。これまでは、現状に反発することが革新的とみなされていたが、ソーシャル・ネットワークが普及すれば、差し迫った惑星文明へのシフトに向けて新しい制度的枠組みを創り出すことこそ、革新的とみなされるようになるだろう。技術者たちは、ユーザープロファイリング（＊ネット上でユーザーの興味に関する情報を獲得する技術）、データの相互接続、オープン・スタンダード（＊誰でも自由に無償で利用できる規格）などを統合する目に見えない基礎的なネットワークを作るためのプロトコル（通信規約）を開発してきた。そのようなネットワークは、志を同じくする組織や企業がより深いレベルで情報を共有することを可能にし、透明性を高め、企業よりもむしろ個人の能力を促進させ、資源の共有、専門的な興味、その他の類似点をベースにしたローカルのコミュニティやヴァーチャル・コミュニティの急速な発達を促すだろう。

変革のプロセスで重要な役割を果たすのは、先進的なテクノロジーだけではない。古代の叡智も同じように中心的な役割を果たすだろう。わたしたちは相互に支え合う「自然のヒエラルキー」が崩れた、ポストモダンの「フラットランド」（＊ケン・ウィルバーの造語。神やスピリチュアリティの要素を欠いた世界）に暮らしていることを認識しなければならない。複雑な問題に取り組むときには、先住民やアボリジニーの儀式的なテクニックや意思決定の仕組みが大いに役立つだろう。先住民の共同体が何千年いや何万年にもわたって、自然との持続可能な関係の中で繁栄するのを可能にしたデザイン原理や組織に関する知恵は、自然界やお互いとの適切な関係を見失い、壊れたきずなを取り戻す試練に直面している現代人にとって、素晴らしい遺産である。わたしたちはどんなにがんばってみたところで、過去や現在の知恵の伝達者からの導きがなければ、きずなを取り戻すことに成功できないだろう。

現在の転換は、わたしたちの中のスピリチュアルな面やサイキックな能力の回復も含んでいるので、産業社会によって受けたダメージから回復するために、心の潜在能力を開花させる地球規模のセレモニーを行ってもいいかもしれない。この分野でも、部族社会の生きた知恵が貴重なものであることが証明されるはずだ。かつて電気の扱い方を学んだのと同じ方法で、人類は微細なサイキック・エネルギーの扱い方に精通し、地球を変容させるためにそのパワーを利用するだろう。先住民文化から、儀式やトランスを利用してサイキックなエネルギーに集中する方法や、自然の力と交感して、恍惚感を体験し、苦しみを軽減させる方法を学ぶこともできるだろう。人類は、深刻化する生態系の危機に直面して、サイキックな存在へと飛躍的な進化を遂げることを余儀なくされ、科学とシャーマニズムを融合させる方法を習得するかもしれない。

さしあたって、地球規模の変容を推し進めるには、タントラ的なアプローチを採用するのがベストである。ぶつかり合うのではなく協力し、対決するのではなく吸収するアプローチだ。友情と平和的和解を提示するオープン・ハンドが、60年代の運動のシンボルであった振り上げた拳に取って代わるのだ。今、生じつつあるシフトをイメージするには、蛇の脱皮を想像するのも一つの方法だ。皮膚の下で新しい皮が形成される間、外側の皮は機能し続けなければならない。そうでなければ、蛇は生き残れない。わたしたちの文明の古い皮とそれに付随するマインド・セット（世界観）は、擦り切れつつあるように見えるが、新しい意識の構造とそれに見合うインフラが出来上がるまで、従来のシステムはきちんと機能し続けなければならない。このタントラの教えを踏まえるなら、宇宙意識に導かれるプロセスによって、わたしたちは必ず成功するだろう。

【11章】

宇宙的人間の誕生

バーバラ・マークス・ハバード

略歴：未来学者、作家、講演家。意識進化財団の共同創立者。人類は飛躍的進化を遂げる瀬戸際にいるというコンセプトのもと、精力的に活動している。『意識的な進化——共同創造（コ・クリエーション）への道』（ナチュラルスピリット）『The Evolutionary Journey（進化の旅）』などの著書がある。以下のエッセーは、意識や社会の進化、人類や「利己的なミュータント（突然変異種）」について語ったものである。

意識の進化

人類は、先例のない進化的変化の時期に直面している。驚くべきことに、有名なマヤの予言では、わたしたちが知っているこの世界は終わりを迎え、2012年には新しい世界が始まると言われている。その日は、自然環境や社会が崩壊するか、あるいは飛躍的な進化を遂げるかの節目の日になると思われている。では、これらの予言が実現する可能性が少しでもあると仮定してみよう。わたしたちはどんな未来や新しい世界のヴィジョンと出会うのだろうか？　そしてそのヴィジョンは、大きな転換を潜り抜ける牽引役を果たしてくれるだろうか？

未来のヴィジョンは、太古から続く宇宙の壮大なる神秘に目を向けることから湧いてくる――140億年の驚くべき進化である。宇宙は誕生してから現在まで進化し続けてきたが、この先もさらに進化していくだろう。「無」の状態からすべてが生まれ、過去から現在、そして未来へと続いていくこの宇宙の営みを知れば、驚嘆せずにはいられない。宇宙を生み出してきた力や知性、あるいはそのプロセスは、今現在もわたしたちの中で働いている。わたしたちは自らが宇宙であり、宇宙の神秘を体現している。それだけではなく、自分を振り返ることができ、自分の起源や行く末、さらにはどのようにすれば創造のプロセスに参加できるかを理解しようとしている。

人類は、意識の進化に参加するためのガイドラインをすでに受けとっている。それは過去から学ぶことである。自然界はどのようにして、素粒子から人類まで進化してきたのか？　ビッグ・バンから現在まで続いてきた新たな創造の物語を解き明かすと、宇宙は複雑さを増すというパターンを繰り返しながら、つねにより高い意識や自由を生み出してきたことがわかる。進化の流れは原子から分子、細胞、動物、人間、ブッダやキリストや他の多くの人々、さらには現代のわたしたちまで脈々と続いてきたが、人類は今、退化か変容かの岐路に立たされている。ジョン・スチュワートが言うところの「進化の矢」は、度重なる進化の飛躍によってシナジー（相互連携）を強化し、包括的なシステムに向かってきた。そこに、果てしなく進化する未来という希望の芽を見ることができる。

また、変容の前には危機がやってくることも見逃してはならない。問題は、その危機がわたしたちをどこに導くかということだ。プレッシャーが高まり、わたしたちは退化や絶滅にいたるか、進化や変容に進むかという、岐路に立たされるだろう。だから、2012年は衝撃的な年になりうると考えている人もいる。さらに、進化は、根本的に新しいものを生みだすこともわかっている。生命は生命ではないものから生まれたし、人間は動物から進化した。今、わたしたち人類から、新しい人間や新人類が生まれる可能性はあるのだろうか？　人類はホモ・ハビリス（＊250万年前から200万年前まで存在していたヒト属の一種。〝handy man〟（器用な人）の意）からホモ・エレクトス（＊更新世〈180～160万年前から1万年前までの期間〉の人類。ジャワ原人や北京原人が含まれる）、ホモ・ネアンデルタール（＊約20万年前に出現し、2万数千年前に絶滅したヒト属の一種。現生人類にもっとも近いとされている）、ホモ・サピエンス（＊現生人類。知恵のある人という意味）へと進化してきた。なぜその進化がわたしたちで止まるべきなのだろう？　過去数千年、偉大な神の化身や神秘家や預言者たちを通して、自己意識という胎内のなかで育まれてきた新人類が、今、危機に瀕しているせいで、わたしたちの中から生まれてくるということはありえるだろうか？　新人類の出現は、ホモ・プログレッシヴァス（＊テイヤール・ド・シャルダンの造語。超人という意味）、グノースティック・ヒューマン（＊シュリ・オーロビンドの造語。叡智ある人間という意味）、ホモ・サピエンス・サピエンス（＊ピーター・ラッセルの造語。ネアンデルタール人がホモ・サピエンスの亜種と考えられていた時代には、「現生人類」の学名は「ホモ・サピエンス」ではなく「ホモ・サピエンス・サピエンス」呼ばれていた。ピーター・ラッセルの造語はそれにもう一つ知恵が加わった人間という意味で作られたもの）、ホモ・ノエティクス（＊ジョン・ホワイトの造語で、深い知性をもつ人間という意味）、ホモ・ユニバーサリス（ラテン語で博学者という意味で、わたしはそう呼ぶのが好きだ）という呼び名で予言されてきた。どう称されるにせよ、基本は「新しい基準」となる「宇宙的人間」の出現である。おそらく２０１２年までには、新人類の数は臨界値に達するだろう。

人類は、現状の自己中心的な意識状態では生き残ることはできないと、わたしたちは確かに気づいている。わたしたちはアラン・リスマン（＊人類の覚醒をテーマにするイギリスの作家）がいうところの「利己的なミュータント」となり、かつて神に帰せしめていたパワーを獲得しつつある。

２０１２年までのわたしたちの未来を想像してみよう。まず、わたしたちが自ら人類を破壊しないなら、人類がその能力を最大限に発揮し、進化するテクノロジーを駆使して、種として大きな飛躍を遂げる未来の構図が浮かんでくる。

主要な霊的伝統はすべて、わたしたちが進化という概念を知る前に起源をもつ。何十億もの銀河があるという事実や、地球は宇宙の中心ではなく、太陽の周りを回っているのであり、それは神秘に満ちた多次元宇宙の中にあるという事実が知られる前から、人間はスピリチュアルな次元に気づいていたのだ。

現在、自らを滅ぼす力を獲得した人類は、意識を進化させることで、地上の生命を維持し、その可能性を花開かせる方法を、手にしなければならない。

わたしには、ホモ・サピエンスである人類のなかから、多くの新しい「宇宙的人間」が生まれてくるというヴィジョンがある。この「宇宙的人間」とわたしたちの違いは、ゆくゆくはホモ・サピエンスとネアンデルタール人との違いに匹敵するようになるだろう。

宇宙的人間は、人種、国家、宗教、教育を超えて、あらゆるところに生まれる。そのような人間の特徴を示すきざしが今、いくつか現れてきている。宇宙的人間は、ハートを通じて全生命とつながっていると感じ、自己や全体のために唯一無二の独創性を表現したいという情熱や欲求に突き動かされる。この目覚めつつある人間にとって、リアリティのさまざまな次元を分け隔てる膜は薄くなりつつある。わたしたちは多次元的な存在になって、現実の認識を広げ、至高体験を日常的に体験しようとしている。そして、進化を先導するために欠かせない高次元のガイダンスや聖体示現（聖なるものの顕現）を受けいれようとしている。

宇宙的人間は、意識を進化させ、スピリチュアリティを育む。それがわたしたちを覚醒させ、宇宙的な有機体へと進化させていくだろう。さらに、女性があまり子どもを生まなくなって長寿になると、自己を再生産することから自己を創造することへの転換が起こり、真の女性性の自己表現をするようになるだろう。男性も男性なりの方法で、同じように内面的な進化を遂げていくだろう。わたしたちはみな、ユングが「自己の転生」（＊心理学者のユングは意識と無意識を統合する中心として大文字の〈自己〉というものがあるとし、なんらかの理由でわたしたちのアイデンティティが揺らいだとき、その〈自己〉が働いて自らを実現しようとすると考えた。そのプロセスを彼は個性化のプロセスと呼んだが、それをハバードは〈自己の転生〉と呼んでいる）と呼んだものに参加しているのだ。かつて外側の神に投影していた「自己」は、わたしたちの進化の可能性を担うものとして、我が家に帰ってくる。

惑星進化におけるシナジーの出現

出現しつつある新人類を惑星進化の中で考えてみよう。現在、ヘルス・ケア、環境、経済、政治などあらゆる分野でシステムが崩壊しつつある。と同時に注意深く見てみると、あらゆる分野で技術革新や創造的な解決策が出てきているのもわかる。それらはまだばらばらで、財源も不足し、連携しあっていないが、それでもきちんと機能している。

わたしたちは、ノーベル賞を受賞した化学者イリヤ・プリゴジンから、「システムは機能不全に陥ると、自力でそれを修復しようとする傾向がある。と同時に、システムのあちこちで突然変異や社会革新が生まれる」ことを学んだ。自然は創造的なものを寄せ集めて、より高度な秩序をもつ、統合された新しいシステムを顕現させようとする傾向をもっている。現在、社会のあちこちに生じている革新的要素がつながり、連携するようになれば、社会システムそのものが変容する可能性があるだろう。わたしたちが直面している危機そのものが、革新的なものや画期的な解決策を生み出し、それらがネットワーク化されてつながっていくのだ。現在のネットワークがさらにネットワーク化されれば、人類は創造性と慈愛に満ちた「共同知性」を形成していくだろう。

１９８４年、わたしはアメリカ合衆国副大統領の民主党公認候補に選ばれたが、そのとき、

「平和の部屋」という新しい社会機関の設立を提案した。最終的には、その部屋は戦略会議室と同じぐらいに洗練されたものになるはずだった。その目的は、わたしたちの世界を癒し進化させているものを詳しく調べ、図式化し、つなげ、対話させることであった。２０１２年には、革新的要素が相互作用することによって変化の速度が加速し、突然の転換が引き起こされると予想される。

インターネットの普及により、そうした転換が起こる可能性は高い。わたしたちは社会のシナジーが飛躍する入口に立っているのかもしれない。個々のグループが一つになり、統合された新たな有機体を形作る入口である。全体とは、部分の総和以上の何かであり、予測不可能であることをわたしたちは知っている。つまり、根本的に新しい社会の出現が期待できるということだ。

わたしたちは、シナジーがもっと密になる民主主義に移行していくだろう。それはあらゆる分野に生じつつある技術革新に基づく民主主義であり、進化する全体の中で全員が最善を尽くすことを奨励する民主主義である。地球上で最も重要な未開発資源は、世界中の人々の、抑圧され矮小化された能力や創造性である。それを解放し、共に創造する社会を想像してほしい。一人ひとりがいかんなく「自己」を発揮できる社会を想像してほしい。

シナジーが密になると、自然界の事象は飛躍的な変化をとげる。原子が結びついて分子になり、分子が結びついて細胞になり、細胞から動物が生まれるように。今、わたしたちは地球という惑星の上で一つの生命有機体としてつながりつつある。シナジーが新奇なものを生み出すのだ。かつて生命が存在しなかったところに、生命は誕生した。かつて人類が存在しなかったところに、わたしたちは出現した。進化は予期しないものや新しいものが生まれる可能性を示唆している。

差し迫った変革の向こうに広がる地平線には、真の根源的な飛躍が期待できる。化石燃料を使い果たして、再生可能なエネルギーを開発したときが、大きな飛躍を遂げる第一歩かもしれない。ひょっとしたら、真空に存在しているとされる、零点エネルギーという無尽蔵のエネルギーを活用できるようになるかもしれない。また、もっと寿命を伸ばし、太陽系の天体に住み、銀河へと旅立っていくかもしれない。あるいはもっと活動範囲を広げて、他の天体に住む生命や多次元の存在と交流できるようになるかもしれない。地球は文字どおり、宇宙的な人間を生み出そうとしている。わたしたちは今、自然と共に進化し、スピリットとともに創造活動をおこなう種になる出発点にいる。だが、進化をやめ、自己を破壊する可能性も残されている。

人類が飛躍するための重要な鍵は、個人の進化である。慈悲の精神とともに、地球の生命力を高める社会システムや構造を推進できる人間が、数多く現れる必要がある。わたしたちが宇宙的な人間として、また、新たな文化や文明を創造する開拓者として生きていけば、地球だけではなく宇宙においても、大規模な変容が起こるのを目撃できるだろう。

長い目で見れば、人類の意識は宇宙意識に定着するだろう。意識の進化をとげたいという衝動は、自覚的なものになり、わたしたちは宇宙の目に見えない秩序や創造的な知性にアクセスできるようになるだろう。それはわたしたち自身の行動にも反映されるだろう。

わたしたちが生きる地球は宇宙空間に浮かんでいるのだから、結局、人類とは宇宙的な種族である。荒れた地球を回復させ、人々の創造性を解き放つとき、わたしたちは文字どおり海から出て陸に上がった魚に似ていることに気づくだろう。人類は、この地球や宇宙空間に新世界を築き、地球環境を太陽系やその向こうまで広げていくだろう。また、自然界と共同で、地球以外の星で暮らす人間を創造するだろう。いずれ太陽が膨張し、地球の生命や太陽系が破壊されるとき、人類は銀河を舞台に生きる種族となっているだろう。

コンピュータと人間との合成知性は、前例のない飛躍をもたらすだろう。わたしたちは宇宙人に接触し、宇宙で一人ぼっちではないということを知るだろう。宇宙に散らばっている何千億もの星たちは母なる子宮となり、数えきれないほどの惑星で新しい生命を生み出すだろう。恐らく、わたしたち人類は、他の生命体と出会うにはまだまだ幼すぎるのかもしれない。生まれたばかりの赤ちゃんの中枢神経は、「他の生命」を認識できるほど発達していない。だが、空腹を感じたり、手足を動かす必要性に駆られたりすると、中枢神経が連携し合い、赤ちゃんは目を開けて、母親を見て微笑む。それまで見たことがなかったものを認識するのだ。わたしたちは今、「最初の惑星的な微笑み」や「最初の惑星的目覚め」の瞬間に立ち会っているのかもしれない。

わたしの直感では、人類は宇宙的な種族として成熟していくにつれて、ここ地球において、共鳴や集団的につながる方法を学んでいくだろう。そして、宇宙にどんな生命体が存在しているにしろ、より調和の取れた秩序を保ちつつ、それとの交信を果たすだろう。私見では、わたしたちは異星人の文明と接触するのではなく、わたしたち自身の高次の存在状態と同じ次元に存在する、高次の生命体を引き寄せる。わたしたちは倫理面で成熟しなければ、たとえ高度に発達したテクノロジーを持っていても、進化の次のステージにうまく移行できない。意識が倫理面で進化すると、道徳心や慈愛心が、好戦的な現人類の意識より高まるだろう。わたしたちは今、宇宙的生命として生まれ変われるかを試されているのかもしれない。もし、わたしたちがお互いに愛し合うことや、自分自身の高次の側面に同調することを学べば、自分が生命に満ち溢れた宇宙にいることに気づくだろう。それだけではない。信じられないほど多様な宇宙の中で、地球の生命を再生産し、発展させていることや、地球上の生物種そのものが、宇宙のいたるところに散らばっている星の種子のように多様化し、増殖することにも気づくだろう。

その向こうに見えるのは、「神が小さな神を生み出している」光景である。宇宙は、わたしたちを通して自己を創造する無限の世界である。わたしたちは、その創造のプロセスに参加する共同創造者になる運命にある。

2012年を迎える心構え

◎内なる声であるハイヤー・セルフ（高次の自己）こそ真の自分であることに気づく。
◎自らの中に見たくないものを外側に投影して戦うのをやめ、きちんと向き合うことによって、それを自己の成長の糧とする。
◎内なる自己のガイダンスにしたがう。
◎エゴと自分を同一視せず、本質的な内なる自分に焦点を当て、宇宙的人間として人生を一新する。
◎人生の目的を見つけ、何をするために生まれてきたのか自らに問う。
◎心が喜ぶことを基準にして、行動する。
◎あらゆる人に存在意義があり、天命があることを知る。
◎自分の中の潜在的可能性を認めることが、わたしたちにとって最高の祝福である。
◎魅力を感じる人たちに近づき、同じ志の人たちと、なるべく多く交流する。

【12章】

大いなる転換

ジョアンナ・メイシー

略歴：仏教学者、ディープ・エコロジスト、平和運動家。社会変革をもたらす新しいパラダイムの、画期的な理論的枠組みとワークショップの手法を作り上げた。その活動は多岐にわたる。『地球の声を聴く　ディープエコロジー入門』（ほんの木）『世界は恋人世界はわたし』（筑摩書房）『絶望こそが希望である』（カタツムリ社）などの著作がある。以下のエッセーでは、現在、進行している「大いなる転換」をさまざまな角度から紹介している。

大いなる転換

グローバルな危機と可能性の時代に生きる意味とは何でしょう？

「大いなる転換」というコンセプトは、自分一人で世界を救わなくてもいいということを思い出させる。つまり、わたし自身のささやかな問題——息子の学校から軍隊を追い出すこと——に、もっとエネルギーを費やせるということだ。

（サンフランシスコの反入隊勧誘活動家）

再生可能なエネルギーのための仕事も、エ・グランデ・ヴィラダ（大いなる転換）の一部だ。

（ブラジルの会社コンサルタント）

わたしはエコ・キャンプで子どもたちにこう伝えるのが好きです。わたしたちの再生プロジェクトは、ディ・グロッセ・ワンドラング（大いなる転換）の一部であり、きみたちもまたその一部なんだと。

（ドイツのブラックフォレストに住む環境教育者）

わたしはいま、ここバルセロナにおいて、エル・グラン・カンビオ（大いなる転換）を自覚している。同時に、世界中の活動家との連帯を感じ、孤立を感じることはない。

（スペインのコミュニティ・オーガナイザー）

エ・グランデ・ヴィラダ、ディ・グロッセ・ワンドラング、エル・グラン・カンビオ……世界のどこに行こうと、わたしが活動をともにするグループでは、「大いなる転換」が概念的な枠組みとして、多くの実りをもたらしています。それは成長産業社会から持続可能社会への移行を表す呼び名であり、自己破壊的な政治的経済から、地球と調和し未来へ永続する社会への転換を確認するものです。それは地球上の生命を敬い、守ろうとするあらゆる活動を包含し、結びつけます。つまり、現代に必須の冒険なのです。

もちろん、この冒険に参加しているほとんどの人は、それを「大いなる転換」とは呼びません。彼らは生存のためや、健全でまっとうな未来を創造するために戦っているだけで、そうした名称を必要としていないのです。にもかかわらず、そのコンセプトが非常に有効であることに、ますます多くの人が気づきはじめています。「大いなる転換」は、教育者であり活動家であり母親であるわたしにとって、進むべき方向を示す指針になっています。肉眼では見えないものを見る助けになるのです。同時に、地球規模の転換において、人々が従事している具体的な活動をしっかりと見る目も養ってくれます。言い換えるなら、羅針盤やレンズとしての役割を果たしてくれるのです。

大局を見る

残された時間に比べ、わたしたちが今直面している力はあまりに大きいため、なんら現実的な効果をあげられないのではないかと人々は思いがちです。つまり、わたしたちは現在の経済を動かしているのと同じ近視眼的思考にはまりやすいのです。

「大いなる転換」というコンセプトは、窮屈で近視眼的な思考の小部屋から脱け出して、より大きな歴史的風景を見るようわたしたちを誘います。わたしたちの努力を大規模な企ての一部とみなせば、あるいは、わたしたちが直面する危機に見合った潮流の変化とみなせば、大きな違いが生じます。多くの人が指摘しているように、現在、進行中なのは、新石器時代末期の農業革命や、過去200年の間に起こった産業革命に匹敵する革命なのです。産業社会がコントロールを失い、今、第三の革命の波が押し寄せているのです。それが今では、エコロジカルな革命とか、持続可能な革命とか、「大いなる転換」という名称で呼ばれています。

EPA（米国環境保護庁）の前長官ウイリアム・ラッケルズハウスが述べているように、最初の二つの革命は「自然発生的にゆるやかに始まり、革命という意識なしに起こった。今回の第三の革命は、完全に意識的に行わなければならない……そうすれば、人類が地球上にとどまる上で、まったく類を見ないものになるだろう」。

羅針盤としての「大いなる転換」は、わたしたちの経済が向かっている方向を知る手がかりを与えてくれます。産業社会は、無限に企業の利益を追求するという不可能な命題をベースにしています。行き着く先が崩壊であるのは目に見えています。どんなシステムも一つの変数だけを極大化させることには耐えられません。人類のシステムはすでに「行き過ぎの状態」になっています。地球の再生能力を超えて資源を蕩尽しているし、地球が吸収できる限度を超えて廃棄物を捨てています。生物圏の喪失は今や生命活動に欠かせないすべてのシステムに影響を与え、複雑な生命形態が繁栄するために必要な多様性を奪っています。それでも、生命はダイナミックなプロセスであり、自己組織化しながら、環境に適応し進化していきます。鱗から羽根、エラから肺、海水から血液を生み出した進化の力は、今でも大きな影響力を及ぼしているのです。進化の力は、無数の分子を通して今回の革命を推し進め、意識的に変化を生み出す人間の能力を高めようとしています。

しかし絶滅した例は、適応に成功した例と少なくとも同じぐらいたくさんあることを、地球の歴史は証明しています。今回、わたしたちがうまく乗り切れるかどうかはわかりません。新たな持続可能な形態や構造ができあがる前に、生態系が修復不能になるかもしれません。それは多くの人々が感じている大きな不安要素です。もし、自分に正直になって、冷静に考えてみれば、その不安要素はぬぐいきれないでしょう。「大いなる転換」にはどんな保証もありません。失敗の危惧は、現実味を帯びています。肯定的な結果だけに固執すれば、自分に目隠しをし、心に負担をかけることになります。すべては絶対うまくいくと自分に言い聞かせることもできるかもしれませんが、そのような安請け合いが勇気や創造性を極限まで引き出してくれるでしょうか？「大いなる転換」を羅針盤として行動するなら、その成否に関わらず、わたしたちの生き残りをかけた冒険は前例のない深い叡智や連帯をもたらすだろうという思いを抱かせます。

地に足のついた科学

人類の旅路における第三の革命は、単なるイデオロギーではありません。現在進行中の多種多様な現象です。「大いなる転換」は、生じつつある革命の広がりを視野に入れるためのレンズのようなものです。このレンズはとても重要です。大企業がメディアをコントロールして、無視や歪曲をしているこの革命の推移を明らかにしてくれるからです。ギル・スコット・ヘロン（＊アメリカの社会派黒人シンガー兼詩人。１９８４年に出した「リ・ロン〈Re-Ron〉」《当時の大統領レーガンを皮肉った曲》が、90年代に入って若いラッパーによって紹介され、注目を浴びている）が言うように、「この革命はテレビでは放送されない」のです。この革命は何十億ドルもの利益を生み出す企業やそうした企業を支える政府にとって興味の対象になりにくいものです。企業や政府が草の根運動の発言力にどれだけ脅かされ、主導権を奪われようとしているかをわたしたちは知るべきです。

草の根運動は、機能不全に陥った文明の瓦礫のなかから芽を出す雑草のように、いたるところで芽吹き始めています。「大いなる転換」のレンズは、風力発電の推進、不正選挙の告発、海の哺乳類の保護運動など、性格の異なる多様なテーマの草の根運動のすべてが、歴史的転換の一部であることを明らかにします。「大いなる転換」を理解し、その中での自分の役割を認識するには、転換の三つの領域を省察することが大切です。これから三つの領域を順次見ていきますが、それらは時系列に沿って起こるわけではありません。また、第一、第二、第三というのは、重要度ではないことに注意してください。それらは相乗的に作用し、相互に強化し合っています。

まず、第一の領域は、産業社会によって行われてきた破壊を減速させようとする現在進行中のあらゆる運動を含んでいます。これらの活動は、生物種の保護運動から、ホームレスへの食事提供、軍需産業、公害企業、過剰な森林伐採、その他の略奪行為に反対する市民活動などをカバーしています。この領域の仕事は、時間を稼ぐことです。しばしば意欲をそがれたり、危険な目に遭ったりもしますが、種や生態系を保護し、未来の世代のために遺伝子をプールすることは、「大いなる転換」の一環として必要なことです。でも、この領域におけるすべての戦いに勝利したとしても、それだけでは十分ではありません。生命を支える社会は新しい方法論とシステムを必要としています。

そのような新しい方法論の出現が第二の領域を構成します。ここには、ソーラー・パネルから産直販売、土地信託、コウハウジング（＊北欧で生まれた新しいコミュニティ作りの手法）、パーマカルチャー、地域通貨システムまでが含まれます。歴史的に見て、これほど短期間にこんなに多くの方法が現れたことは他の時代にはありませんでした。第二の領域を構成する方法の多く――健康法、畜産、害虫管理など――は、古来の伝統的手法を復活させたものです。これらの方法論やシステムには将来性がありますが、本気で育成しなければ、維持することはできません。それらが維持され拡大していくためには、わたしたちが何者で、何を本当に欲しているかを明確にしなければなりません。言い換えるなら、根本的に現実認識を変える必要があるのです。

そして、まさにその意識の変革が、「大いなる転換」の第三の領域です。個人的かつ集団的で、知的かつ霊的なこの転換は、さまざまな道を通して実現されます。それはニューサイエンスによって火をつけられ、古くからの伝統によって生命を吹き込まれます。また、世界を憂える気持からも生じます。単なる個人的病理として片付けられないこの悲しみは、自己が孤立しているという古いパラダイムが偽りであることを暴き、わたしたちが生命の織物（ウェブ・オブ・ライフ）の中に織り込まれ、お互いにつながっていることを明らかにします。

そして今、これらの三つの川――世界を憂える気持ち、科学的な躍進、古代人の教え――が合流します。三つの川の合流地点で、わたしたちは水を飲み、いにしえの知恵に目覚めます。それは、わたしたちは生命ある地球の上で暮らしているという知恵です。わたしたちは何世紀もの間、機械的世界観に縛られていましたが、今一度、この世界が聖なる世界であることを再認識する必要があります。産業社会の束縛から自由になるには、ガイア理論、システム理論、カオス理論、解放の神学、シャーマニックな修行、女神の復権などを通して、地球が生命体であることを実感しなければなりません。そうすれば、より高い目標をもち、より深い喜びを得られるでしょう。それだけではありません。富や価値の定義を見直し、しゃにむに消費に駆り立てられずにすむのです。

その恩恵は測りしれず、どんな危機に直面しても、パニックや自己憐憫に襲われなくなります。それどころか、暗闇に覆われていてもいたるところに祝福があふれている今、この瞬間に生きていることに感謝の念がわきおこるでしょう。わたしたちは注意深くありながらも安定感を身につけ、手に手を取って、世界が自らを癒す方法を見つけられるでしょう。そして、現在のカオスを未来の苗床と見なせるようになるでしょう。

未来の種

このような祝福の中で、わたしはともに歩む友人たちとともに、時間という神秘を体感することを、大切に考えています。表層的な時間の流れの奥にあるものを感じとり、過去や未来の世代とのつながりを掘り起こし、あわただしい断片化された生活を広大な時間の広がりの中に解き放つのです。すると、命を綿々とつないでくれた祖先たちがとても身近に感じられます。と同時に、わたしたちがその命の種子を託す未来の世代の人たちも身近に感じられます。

わたしが主催するワークショップでは、長年「深層の時間を探るワーク」に重点をおいてきましたが、昨年、驚くような体験をしました。場所はオーストラリア、いまだに夢時間が現実であることを疑わないアボリジニーの人たちが迎えてくれるなか、数十人のメンバーが集い、満月から次の満月までの1カ月間、「深層の時間」に浸ったのです。その集いは、「未来の種」と名づけられました。「大いなる転換」に備える訓練、という意味です。

南半球の星空の下で、わたしたちは惑星時間のパワーを感じました。また、沈黙や儀式やロールプレイ（＊実際の場面を想定し、さまざまな役割を演じることで、問題の解決法を探る学習法）を通して、祖先や未来の人々がわたしたちの中で動いているのを感じ、励まされました。ディスカッションでは、今生きている人々の存在感と、命を護るための彼らの健気な努力の偉大さに打たれました。わたしたちにとって、地球共同体はただの口約束だけではなく、現実のものになったのです。

日々の生活に戻ったわたしたちは、お互いを種と呼びます。それが、「大いなる転換」がわたしたちに求めていることなのです。あらゆる世代の人々から手をさしのべられ、心から応援されているのに、今更、どうしてたじろぐことがありましょうか。

【13章】あなたはまさにこの時期を選んで生まれてきた

ジェームス・オーディア

略歴：認知科学研究所の所長。アムネスティ・インターナショナルのワシントン支部ディレクターを10年間勤めた後、ラテン・アメリカやアメリカ・インディアンを支援する非営利組織Ｓｅｖａのディレクターとなる。アービン・ラズローと共に世界知恵会議（ＷＷＣ）にも参加した。『Creative Stress：A Path for Evolving Souls Living Through Personal and Planetary Upheaval（創造のストレス：個人と惑星の大変動を乗り越える進化した魂の道）』『Suicide：studies on its philosophy, causes, and prevention（自殺：その原因と対処法の研究）』などの著作がある。以下のエッセーで、人類や世界が陥っている危険な状況について語り、癒しの時が来ることを告げている。

宇宙の調和

人生は、リズムと周期的な運動で成り立っている。誕生、成長、死の周期は、まさに存在の中核を成し、宇宙の物語の核心を構成する。わたしたちのもっとも偉大な儀式、歴史的な法律の制定、神話の探求などは、時間の神秘と深く関わっている。

だが、時間の神秘は測り知れない。わたしたちの賢い祖先から現代の長老や知恵の守護者にいたるまで、時間の荘厳なパターンや宇宙の雄大さの一部を解読してきた人たちは、時間が人生の意味や目的に結びつけられないかぎり、幻想になることを理解していた。時間の神秘に踏み込むには、生命の神秘自体を徹底的に解明しなければならない。そのためには、彼らが言うように、真に実在するものを把握する必要がある。

まずはじめに、人の命というものがすべての生命との関わりの中でのみ理解されうること、そして、生命の種は、この宇宙の誕生時に植えつけられたことを理解しなければならない。地球を宇宙の中心とする偏った宇宙観は、ずっと昔に新しい宇宙観に取って代わられたが、人類は依然として、全体との関わりの中で自分自身を見ることにかなりの困難を覚える。地球上の生命のように愉快なものは太陽系の近隣にはないということは容易に推測できるが、ハッブル望遠鏡でとらえられた何千億もの太陽や無数の銀河は、わたしたちの宇宙の見方を変えはじめている。今や、生命は地球だけに存在するのではないと思う人がどんどん増えている。確率の上から言っても、わたしたちが宇宙に存在する唯一の生命だと考えるのは不合理である。

宇宙が2本足の人間を生物の頂点にすえるためだけに、完璧に秩序だった生物圏を進化させてきたと考えるのは合理的ではないし、適切でもない。全宇宙が見事な調和を保ち、誕生の瞬間から、創造が行われるよう自らを調整してきたのをわたしたちは知っている。科学者たちはこの宇宙の驚くべき精度を計測するとき、畏敬の念に駆られてひざまづく。非の打ちどころのないタイミングは、あらかじめ計画されていたかのようであり、わたしたちが知っている生命は何十億年も前に始まった宇宙の運動に、深く織り込まれている。わたしたちが知っている生命と時間は、分離できないものとして結びついているのである。

2012年は人類の負債返済日

だが、どう見てもわたしたちの世界はこの真理に基づいて成り立ってはいない。宇宙の周期と同調する時間は無視され、わたしたちは社会の時計に従っている——それはダウ・ジョーンズ社の株価指数、経済成長率、ときに国家の成長を妨げる合併・買収の成功率などによって成功を推し量る時計である。この時計時間は凄まじい速度で加速し、ストレスや消耗で人々の人生を打ち砕いてきた。また、とうてい果たしえない多くの要求を人々に課し、追い詰めてきた。

わたしたちは命が壊れるのを防ごうと戦っているが、ストレスが昂じるばかりだ。ストレスが昂じれば昂じるほど、世界はバランスを崩しているように思われる。そして、リズムを失ったわたしたちは、不安定で持続不可能な時間との競争に集団で駆り立てられていく。それは勝ち目のないレースである。というのも、時間や人生の目的は、すぐに熱くなるエゴで牛耳ることはできないものだからだ。

わたしたちは、人間性を育む大きな真理を土台として社会システムを構築してこなかった。そのため、情け容赦のない私利私欲の追求によって生じる集団的暴力が何をもたらすか、見極めることができなかった。しかし、わたしたちが見境なくしばしば無意識の貪欲さをもって地球という住みかを食い荒らしてきた結果、その代償を支払わされようとしている事実に、より多くの人が目覚めつつあることを知ると、いくぶんほっとする。今、わたしたちの目の前に次のような疑問が突きつけられている。手遅れにならないうちに十分の人が目覚めるだろうか？何が人類を目覚めさせるだろう？　そして、人類はどのように変わるだろう？

これが2012年という時期がもつ、意義の一面である。つまり、人類の負債を返す支払期限日というわけだ。

それは同時に、すでに乱打されている自然界の警鐘が、人類全体の精神に鳴り響き、共有されるときでもある。わたしは敬意と興味をもって注目しているが、シャーマニスティックな占いや古代の予言、さまざまな暦の一致点に基づいてそのような主張をしているのではない。今の時代に生きているからこそ、そう述べているのだ。

現在、消えゆく森林、干上がる地下水脈、融解する氷河、絶滅する種、広がる砂漠化、汚れる海、大気汚染、気候変動などの兆候が見られる。また、信仰心の喪失、自らを失った大衆、妄想するリーダー、屈辱を受けて激昂し、戦争や虐殺を賛美する人々も見られる。飽くことのない貪欲な顔や、苦悩に歪む貧困の顔も見受けられる。

わたしはこうしたものをすべて判断せずに見る——正確を期していうなら、批判的にならずに見る。自分もそうしたものの一部であることを、わたしは知っている——それはわたしの世界なのだ。わたしは問題の一部でもあり、解決の一部でもある。なぜなら、わたしは否定的に生きることではなく、危険や期待をともなうこの時代の証人として生きる道を選んだからだ。だから、２０１２年が近づくにつれて、時間の渦そのものが何を示唆しているかを理解できるのだ。

惨事が起きるとか、事態が悪化するという話をわざわざ聞く必要はない。

わたしは戦争や大虐殺があった場に赴いたことも、国家的暴力が行われたところに居合わせたこともある。人間がいかに残虐で、無慈悲で、搾取的になれるかをよく知っているのだ。同時に、テロリスト集団から世界を守るという口実のもと、政府がより大規模で高性能の武器の大量生産を正当化してきた経緯も知っている。その犠牲者たちにも会った。性暴力や子どもの人身売買を防ごうとして殴られた人や、労働者の権利を守ろうとして棍棒で殴られた人、人種差別や拷問、殺人、虐殺を終わらせようとして残忍な仕打ちを受けた人にも会った。大企業の幹部たちが世界を牛耳っていることや、メディアが真実を伝えていないことをわざわざ教えてもらう必要もない。わたしは自分がどんな時代に生きているのか知っている。また、事態がいかに悲惨かだけではなく、どのようにしたら改善できるかも知っている。

2012年の敷居を超えて

こう考えてみよう。

人類の進化は、まずいことに最悪の方向に向かう可能性もあるが、わたしたちの内奥にあるもっとも強力な夢を実現する方向に向かう可能性もある。災いの瀬戸際にいる現在、役に立たなくなった信念を変容させるための創造性や知恵を、進化がわたしたちの意識の中に育んできたことを発見できるかもしれない。行く手には、内面生活と行動との調和や科学とスピリチュアリティの融合が、待っているかもしれない。

もしあなたが、自然界の大規模な破壊や人類の苦悩に自分は無関係だと考えるなら、人間の潜在能力に関する洞察や量子力学の興味深い洞察も、願望実現のためのアファメーション（肯定的な暗示）も、何の意味があるだろう。人類の苦悩は、他人の悪夢ではなく、わたしたちの悪夢なのだ。

だが、２０１２年以降にとても楽観的な期待を寄せている人たちがいる。危機的状況にある現在、人類全体が目覚めるチャンスだと考えているのだ。相矛盾するかに見える悪夢と全人類の覚醒の兆候、その両方をあなたは受けいれられるだろうか？　というのも、真実は光と影、辛いもの（試練）と甘いもの（安楽）の両者の中に映し出され、決して切り離せないからだ。

◎あなたは、最悪の危機を前にしても絶望的にならず、人生に意味があることを信じてしっかりした目的をもち続け、意識の覚醒を遂げられるだろうか？

◎あなたには、この時期を選んで生まれてきたという感覚があるだろうか？

◎あなたは、平和で愛に満ちた文明が地球全体に広がるという感覚を生き生きと感じられるだろうか？

もし、どの問いにも「イエス」と答えられるならば、そうした感覚があなたの中でずっと前から徐々に育ってきたからだろう。あなたという存在の中で生まれつつあるものは、あなたよりも古くから存在し、太古から人々の想像の中に種として存在してきたものだ。あなたは、いわば顕現し開花しようとしている平和の夢である。時があなたをこの転換点まで運んできたのだ。悪夢はまだ終わっていないが、あなたは大いなる神秘が語りかけてくる劇的なメッセージをどう読み解けばいいか、学びはじめている。古い外皮がひび割れ、破れそうだと感じれば感じるほど、あなたは、人間のより高次の性質の種が発芽する運命にあるのを感じるようになるだろう。

あなたは未来の可能性の種子として、どの程度生きていけるだろう? そうした感情や直感は、幼稚な、あるいは歪んだ楽観主義のしるしなのだろうか、それともより深い何らかの現実を正確に映し出すものだろうか?

地球という惑星の平和を考えるには、人が過去に罪を犯した人々に対する敵意や憎しみを完全に手放せることを認めなければならない。非難が生み出す分離の感覚を克服することは、重要な進化の道しるべであり、解放への第一歩として祝福すべきものだ。

あなたがまだ人類に希望を抱き続けているとしたら、それは敵意や憎しみを手放す方法をどこかで学んだからだろう。あなたは意識を転換することで、他人に対して批判的な感情を抱かずにはいられない生来の傾向を克服したのだ。

処罰から癒しへの大転換

　暴力的侵略や社会的抑圧を正当化するために、善悪というごく基本的な道徳基準が適用されることがある。善悪という二元性が、何を受け入れ、何を排除するかを判断する中心的な組織原理となる。一旦、そうした原理が確立されると、悪事をなした者は、どんな事情があるにせよ、罰せられる。だが、そのような単純な二元論は現状維持を望む者の力に仕えるだけにすぎない。現状を変えたかったら、誰が善で誰が悪かといった人工的なカテゴリーに支配されるのではなく、むしろ誰がより深く傷ついているか、どうしたら彼らは癒されるのかという視点を持たなければならない。傷ついた者がときとして危険な病的行動に駆り立てられるというのは、否定しがたい事実である――いたるところにその実例はある。だが、罰するべき、あるいは復讐すべき悪の権化と彼らをみなすのは誤りである。善対悪という懲罰的な対立のパラダイムを、ひとたび癒しのパラダイムに置き換えると、批判的な態度はなくなる。というのも、誰が優れ、誰が劣っているかを証明することにはもはや関心がなくなるからだ。人々の違いを認めてバランスを回復し、健全さを取り戻すことに関心をもつようになるのだ。癒しのパラダイムが主流になったとき、社会全体の構造や基本的国際関係はどう変わるだろう？　社会の指導者や官僚の最も重要な適性は、癒す能力や共通の目標の実現に向けて協力するスキルと考えられるようになるのはいつの日だろう？

もし2012年が、組織的な過剰消費がもたらす必然的な結果を突きつけられる時だとすれば、それはわたしたちが協力してカオスから脱出する方法を模索するターニング・ポイントであることをも意味している。

2010年から2020年にかけて、世界的な癒しの実験があらゆる分野で試みられるようになるだろう。科学と霊性は、地球の生命を脅かす――あるいは、少なくとも、トラウマや苦しみでわたしたちをがんじがらめにする――病の根本原因を解決するために、前例のない協調体制を築くだろう。そのことによって、わたしたちは宇宙に浸透するリアリティの本質に関し、偉大な洞察を得るだろう。地球上の進化は、わたしたちの最大の資本は知恵そのもののなかにあるという確固とした認識にわたしたちを導いてきた。もちろん、今はまだ推測の域を出ないとはいえ。

集合意識の胎動

明日具体的に何が起こるかを確実に知ることはできない。ましてや何年も先、この惑星全体で何が起こるかわかるはずもない。わたしたちが知りえるのは、いかにして

◎自分の心を読み取るか

◎お互いの目の中に不滅の思いやりの能力を認めるか
◎前代未聞のごまかしを前にしても真実を語る努力をするか
◎わたしたちを傷つけた人々や、夢を押しつぶそうとした人々を許す心を養うか

ということである。

自分の信念を押しつけようとせず、相手の話を親身になって聞く、愛情深くて柔和な人々が身近にいることに気づいてもらいたい。実際、お互いの違いを認める寛容さをもった人々が確実に増えているのだ。それは、わたしたちの意識の中で、世界を変容させる一つの物語が展開していることを示している。

あなたは愛が進化の中心にあり、癒しの源であることをやがて知るにいたるだろう。唯物主義のパラダイムは、素晴らしい娯楽や気晴らしを提供してくれるが、慈しみや絆を求める人間の基本的願望をいまだ満たすことができない。そのことに多くの人が気づきはじめている。

それは、現状維持に対するイデオロギー的な反抗を意味するのではない。わたしたちの存在の中心で形成されつつある、集合意識の胎動を指すのだ。それは恐怖に煩わされることがなく、統一性や相互のつながりを経験することによって刺激されるもので、哲学者や神学者が非二元の意識と呼ぶものである。

この数十年、心と身体との密接な関係が科学的に明らかにされてきた。たとえば、怒りや恨

みや孤独は心臓を締めつけ、過度のストレスやうつを引き起こしやすい。一方、愛する人と深い絆で結ばれた関係を保っていると、健康と長寿がもたらされる。瞑想、利他的な奉仕、感謝の心は、心身を快適に保つうえで、甚大な効果がある。人生を肯定する生き方は、喪失感やトラウマを克服する助けになる。わたしたちはまた、アファメーション、気づき、敬いの心によっていちじるしく成長し、他人に評価され、励まされると、才能を開花させる。愛されていると感じると、創造的になれるのだ。

癒しのメカニズムはまだ謎に包まれているが、病状の回復に心の持ち方が関与していることは疑いない。愛や思いやりの感情は、自分自身を癒すだけではなく、人々の罪悪感や復讐心を和らげる力さえもっている。

わたしはこれまで胸が張り裂けそうな人間の残虐さを見てきたが、拷問や大虐殺を生きのびた生存者たちが、驚くべき寛容さを示し、自分を苦しめた人たちを許すのも目撃してきた。犯罪者と犠牲者が許しあい、お互いに同じ人間であることを確認し合うのも見てきた。病的な憎しみに苦しめられてもなお立ち上がって、より高い地平を見出そうとする不屈の精神も見てきた。これは妄想に対する現実の勝利であり、狭い私利私欲に対する高い目標の勝利だ。それは人類の前途を示唆している。

求められる知恵

とはいえ、将来、わたしたちが必ずより深い真実と同調して生きられるようになるとはかぎらない。国際法を無視する人々、囚人を監禁する人々、拷問に手を染める人々、手段を問わず利潤を追求する人々、軍事紛争から利益を得る人々、破滅的な武器をだれにでも供給する人々、基本的自由を否定する人々、さらには恐ろしくも人間の生命を無視し、多くの一般市民が住む地域で核兵器や使用禁止の爆弾を使う人々などがいることを、わたしたちは知っている。彼らは、今後も極端な手段に訴えるだろう。

わたしたちはまた、社会の病理が山火事よりも早く広がり、悲惨な結果をもたらしうることを知っている。現代の特徴は、世界がますます相互依存性を高めているという点にある。人類は、後戻りできないグローバル・ゲームに参加しているのだ。気候不順、疫病、資源の枯渇、文化的差別、宗教の原理主義などが引き金になって起こりうる緊張や対立が、どの程度の規模の崩壊——または突破（ブレイクスルー）——を生みだそうと、それが地球規模のものになることは間違いない。

わたしたち人間は、力を不適切に用いたり、真理や人生の意味を探る過程でつまづいたりしたにもかかわらず、進化してきた。法の普遍原理、民主的政治システム、技術革新、国際貿易、教育、ヘルスケアのシステムなどは多くの欠陥を抱えているものの、人間を解放する肯定的な成果といえる。数百年前なら、これほど多くの自由、安全、食料、薬、住居が何十億もの人々に与えられることなど想像できなかっただろう。

わたしたち人類が発展してきた道には、悲惨な失敗や憂慮すべき状況があるが、市民生活と政治の両方で持続的な創造性が発揮されるのを、わたしたちは見てきた。経済的、社会的、文化的な権利もいちじるしく拡大するのを目撃してきた。わたしたちは、人間であることにはどんな意味があるかに関して、以前よりも普遍的な感覚を共有している。人類の集合意識は進化し続けてきたのだ。

人々は時を越えて世代から世代へと伝えられてきた貴重な知恵を、以前にもまして求めている——不滅の霊的伝統や各地の先住民に培われてきた知恵である。

わたしたちは概ね、祖先よりも心理的に発達し、利他的になり、人種差別をしなくなった。心身の健康はもはや理論ではなく、現実になっている。今では、どんな信念を抱くかが、自他の幸福にとっていかに重要かもわかっている。そして、意識の持ち方によってさまざまな状況がもたらされることにも、人々は気づきはじめている。

多くの先住民は歴史におけるこの岐路——一部の人にとっては、とくに2012年——を浄化の時と考える。自然界の周期と協調して生きる彼らは、自然界がそこらじゅうに溜まった毒素を処理しなければならないと告げているように感じているのだ。けれども、彼らにとって、自然界は人間の生活と別のものではない。自然界は時の終わりにやってきて、持続不可能な進歩に執着したわたしたちを断罪し罰する、人間とは異なる力とはみなされていないのだ。

　わたしたちは自然界の一部であり、全体のデザインに深く組み込まれている。自然はわが子を見守るグレート・マザーのように、わたしたちが道に迷ったり、危険にさらされたりしたとき、今、どこにいるのか、わたしたちは何者なのかを思い出させてくれる。そして彼女が誰であるかも……。

　わたしたちの意識は、慈愛の心をもって経験に深く没入するとき――つまり、矛盾した表現だが、超然としていながら熱中しているとき――非常に洞察力が増し、明晰になる。超然としていることは、自分を切り離した立場に置くことでもないし、無関心を通すことでもない。多くの伝統が指摘しているように、それは深いところから自分を明け渡し、些細な自我の葛藤を手放すことを意味する。そうすることで、私利私欲を捨て、偉大なガイダンスの声に耳を傾けるのだ。

　現在、包容力のある慈悲の心を発達させる能力は、かつてよりはるかに高まっている。もちろんまだ道のりは遠いが、自然破壊や種々の病気に対する対策も世界各地で出てきている。慈善事業が増えているし、人権、エコロジー、貧困の撲滅などに取りくむ組織も無数に出てきている。祝祭的なアートや文化も盛んになっている。

グローバル・ヒーリング

宗教や文化の違いを超えて、次のようなアプローチが増えていると想像してもらいたい——犯罪や暴力に対して懲罰的アプローチを取らずに、癒す方法や回復させる方法を採用し、地域経済やエコロジーを回復させ、対話によって対立を解消するコミュニティを築き、多様性を尊重する文化を育むアプローチだ。

人類がそのような方向に進化できると考えるのは、一部の人にとってむずかしいかもしれない。わたしたちをコントロールする企業の強大な力と莫大な軍事費を考えると、無力感にすら襲われる。政治の貧困はどうしてもわたしたちを疑い深くさせるのだ。だが、風雪に耐えて成長してきたつぼみのように、人類はきっと開花するにちがいない。開花のしるしとなるのは、古い二元性に捉われない、あらゆる偏狭な世界観、アイデンティティ、帰属感を超えて広がる意識の出現だろう。人類の開花は、企業社会の外側だけではなく、内側からも促されるだろう。集合的な開花は、一体性の感覚や、「関係するすべてのもの」との霊的な交感によって特徴づけられるだろう。それには、広大な広がりの感覚や寛大さの感覚がともなうだろう。わたしたちは他人に心を開き、あらゆる苦しみの相互依存性を認識し、他人に心底から挨拶したくなるだろう。

わたしたちがお互いに心を開く準備ができたとき、まず目にとまるのは傷である。傷は癒す前にきれいにしなければならない。わたしたち自身の傷や、わたしたちが自然界に与えた傷も例外ではない。自然界は傷口をぱっくりと開けている。今、それを癒すときだ。この先には豊かな癒しの時間が待っている。もちろんそれはすでに始まっている。

２０１２年から２０２０年にかけて地球上のいたるところ、あらゆる分野で癒しの活動が行われるところを想像してもらいたい。あなたはその先にどんな世界が訪れるか予感できるだろう。あなたはそんなにも重要な時期に生まれてきたのだ。

訳者あとがき

千年に一度と言われる巨大地震が東北や関東を襲い、その海岸地帯を嘗め尽くすように大津波が飲み込んだのは、わたしがちょうど本書の仕上げに取りかかっていたときだった。東北はわたしと妻が生まれ育った故郷であり、親戚も多数いるので、テレビ画面から流れてくる被災地のあまりにも無残な光景は目を覆いたくなるほどつらかった。

大震災に見舞われてから2週間以上たった今でも、被害の全容はわからず、20万人以上の人たちが、各所の避難所で生命の危険に脅かされている。しかも、大災害の悲劇に追い討ちをかけるかのように、原子力発電所の事故が勃発し、放射能の恐怖が日本全土に暗い影を投げかけている。

今回の災害は、単に復興すればすむというものではなく、わたしたちの生き方を根本から問い直すことを要求しているように思われる。それに応えるためには、人々の叡智を結集し、自然をコントロールするのではなく、自然と共生する持続可能な新たな文明を本気で模索する覚悟が必要だろう。

今回の災害があまりに大きかったため、わたしたちは今、東北の災害に関連するニュースに心を奪われ、他のことに注意が行き届かなくなっているが、ふと目を上げれば、世界は今、激動の最中にある。チュニジアから始まった民主化の大津波は、エジプトのムバラク政権を根こそぎにし、中東やアフリカ全土を嘗め尽くそうとしている。カダフィ大佐が率いるリビアでは、大規模な軍事衝突に発展し、多くの死者を出している。民主化の動きは今後もさらに広がり、勢いを増していくだろう。

今回の大災害も、中東での民主化運動も、歴史を塗り替えるほどのエポック・メイキングな出来事である。さらに、もっと冷静になってみれば、世界が今、危機と混沌の中にあることがわかる。環境破壊、気候変動、テロリズム、地域紛争、経済危機、富の偏在、飢餓、疾病など、人類の存続を危うくする要因にあふれているのだ

現在の危機は一過性の現象ではなく、わたしたち人類のありかた、信念体系、旧来の社会システムがもはや有効に機能していないことに起因している。この危機を乗り越えるため、わたしたちは数多くの面で変わらなければならない。だが、どのように変わればいいのだろう？ その歴史的な問いに、未来学者、環境哲学者、社会理論家、霊的な指導者、古代マヤ文明研究家たちからなる世界の知性がそれぞれの視点から答えようとしているのが本書である。

本書が生まれるきっかけになったのは、ユカタン半島に高度な文明を築いた後、忽然と姿を消したマヤ人たちが使っていたマヤ暦である。古代マヤ人たちは５１２５年周期の長期暦とい

う暦を使っており、その暦が２０１２年12月21日に終わっているのだ（２０１１年10月28日に終わるという説もある）。その日に一体何が起きるのだろうということは多くの人の関心の的だった。一部には、磁極の逆転や、２万６千年に一度起こる、銀河系中心部と太陽と地球が直列に並ぶ天文学的事象により、天変地異が発生し、人類が存亡の危機に立たされるという予言めいた説を唱えている者もいる。そのような人たちにとっては、千年に一度と言われる今回の東北地方の災害は、自説を裏付ける格好の材料になるかもしれないが、それではあまりにも短絡的すぎるだろう。

「２０１２年12月21日に人類は絶滅しない」というのが本書の筆者たちが辿りついた結論である。人類は意識を変化させることで進化し、新たな黄金時代を迎えるというのだ。ただし、意識の変化に伴い、古い信念やアイデンティティ、硬直化した社会システムが崩壊するため、大規模な混乱は避けられないとしている筆者が多い。

また、ほとんどの筆者は、この変革をただ見ているのではなく、読者一人ひとりがこの「地球史上最大のショー」に参加し、進化を手助けすることの重要性を強調している。混乱を悲惨なものにするか、希望に満ちたものにするかはわたしたちの選択次第だというわけだ。つまり２０１２年は人類が大きな選択を迫られる重要な岐路だということである。

訳者であるわたしが、２０１２年問題に興味を抱きはじめたのは、15年ほど前のことである。

当時、臨死体験が話題になっており、立花隆氏が書いた『臨死体験』という本がベストセラーになっていた。ひどいうつを通して、臨死体験と似たような状態を経験したわたしは、臨死研究の世界的権威、ケネス・リングの「人類のシャーマン化」の理論に深く感銘を受け、自らも『変性意識の舞台　新しいシャーマニズムのステージ』（青土社）という著作を著した。それは、人類全体が今、臨死体験（死と再生の体験）と同じような状態を経験しており、現実の世界と霊的な世界を自在に行き来するシャーマンをモデルとするような新たな人類に生まれ変わろうとしていることを訴えるものだった。

今回、この本を翻訳していて、わたしが当時直観的に感じていたことが、単なる個人的なものではなく、多くの人が共有していたヴィジョンであったことを改めて思い知らされた。

自分が他者や環境から分離して存在しているという誤った信念がエゴを強化し、限定された自己イメージ、無力感、孤独、貪欲などを生みだしていることは疑いない。そしてそれこそがいま地球を覆っている利益至上主義、環境破壊、富の偏在、地域紛争などの原因なのだ。

２０１２年12月21日に起きる意識の変化は、人類がすべてのものとつながっていることを実感し、愛と思いやりに基づいた社会を建設する契機となると多くの筆者は考えている。古代マヤ人をはじめ、古代文明の多くの賢者たちが、この「人類の目覚めの時」を予測し、さまざまな文書や遺跡などに記載してきたのだ。

本書は、精神世界の代表的な出版社であるサウンド・トゥルーの代表者タミ・サイモンによって集められたアンソロジーである。並のアンソロジーではない。原書の副題に『PREDICTIONS, PROPHECIES & POSSIBILITIES』（予測と予言と可能性）とあるように、あらゆる角度から2012年の謎を浮き彫りにし、今後の人類の文明の行く末を占う包括的な啓蒙の書として、数ある2012年問題を扱った本の中でも、もっとも注目されているものだ。その中にはベストセラーになった『聖書の暗号』や『2012年：ケツァルコアトルの帰還』（未邦訳）なども含まれている。冒頭を飾るのは、『宇宙のマニュアル』の著者で、現在、精神世界と科学を橋渡しするもっとも先鋭的な思想家として世界中の注目を浴びているグレッグ・ブレイデンだ。彼の後で、日本の読者にもおなじみのピーター・ラッセルが、加速する変化がどこに向かおうとしているのかを明解に論じている。

原書は26のエッセーからなる大著だが、今回の日本版では、多彩な視点から2012年問題を掘り下げ、今後の宇宙文明の青写真を示すにふさわしい13の選りすぐりのエッセーを選ばせてもらった。タイトル「どんな時代が来るのか」は、いま息を詰めて流れを見つめている万人の思いだろうと感じている。その問いにささやかにでも応えることが本書の使命だと考えている。と同時に、人類の意識進化はあくまで個々人の意識の変化があってこそ実現できるものであることを感じ取っていただければ幸いである。本書の副題を、「2012年アセンション・

マニュアル」としたのはそのためだ。

本書の出版にあたっては、関係する多くの方々にひとかたならぬお世話になったことをここに記し、お礼を申し上げたいと思います。ありがとうございます。

２０１１年３月28日

菅　靖彦

タミ・サイモン（Tami Simon）
米国コロラド州ボルダーに本拠を置くマルチメディア出版社「サウンド・トゥルー」創設者。個人の変容と霊的覚醒の鼓舞、支援を目的に、エックハルト・トール、キャロライン・メイス、ペマ・チョルドンなど著名なスピリチュアル・ティーチャーの書籍を刊行している。会社は80人の社員を抱えるまでに成長し、刊行タイトルは600を超える。

菅　靖彦（すが・やすひこ）
1947年、岩手県花巻に生まれる。国際基督教大学人文学科卒業。翻訳家。日本トランスパーソナル学会顧問。癒し、自己成長、意識進化をテーマに著作、翻訳、講座を手がけている。主な著作に『変性意識の舞台』（青土社）『自由に、創造的に生きる』（風雲舎）、訳書に『この世で一番の奇跡』（オグ・マンディーノ　PHP研究所）『宇宙のマニュアル』（グレッグ・ブレイデン　ソフトバンク・クリエイティブ）などがある。

田中淳一（たなか・じゅんいち）
1962年生まれ。青森県出身。明治学院大学卒業。BABEL UNIVERSITY Professional School of Translation卒業。学生時代から、バリ島やネパールをはじめとして、世界各地を旅する。

堤康一郎（つつみ・こういちろう）
愛知県出身。早稲田大学卒業。ケンブリッジ大学ESOLセミナー終了。大手欧米金融ニュース通信社の記事を翻訳する業務に携わる。共訳書に『学力は感覚教育で飛躍的に伸びる』（キャサリン・シュマン・シュナイダー　河出書房新社）。

どんな時代《じだい》が来《く》るのか

初刷　2011年4月20日

編著者　タミ・サイモン

訳者　菅《すが》靖《やす》彦《ひこ》
田《た》中《なか》淳《じゅん》一《いち》
堤《つつみ》康一郎《こういちろう》

発行人　山平松生

発行所　株式会社　風雲舎
〒162―0805　東京都新宿区矢来町122　矢来第二ビル
電話　〇三―三二六九―一五一五（代）
注文専用　〇一二〇―三六六―五一五
FAX　〇三―三二六九―一六〇六
振替　〇〇一六〇―一―七二七七六
URL　http://www.fuun-sha.co.jp/
E-mail　mail@fuun-sha.co.jp

印刷　真生印刷株式会社
製本　株式会社　難波製本

ISBN978-4-938939-64-9